LA JERARQUÍA Y EL PLAN

TORKOM
SARAYDARIAN

TSG PUBLISHING FOUNDATION, INC.
EDITORIAL DAGÓN

La Jerarquía y el Plan
por Torkom Saraydarian
Colección *Booklets*

Publicado originalmente en idioma inglés
por TSG Publishing Foundation
(www.tsgfoundation.org)
Primera edición en idioma inglés: 1975

Traducción al español por TSG Spanish Translation Team
Edición en español: 2020
Impreso en España por: Editorial Dagón
Web: *http://www.editorialdagon.es*
E-mail: *editor@editorialdagon.es*

ISBN: 9788419540973
Depósito Legal: V-1964-2020

Impreso en España

The Hierarchy and The Plan
by Torkom Saraydarian
Collection *Booklets*

First published in English
by TSG Publishing Foundation
(www.tsgfoundation.org)
First Edition in English: 1975

Translation by TSG Spanish Translation Team
First Edition in Spanish: 2020
Printed in Spain by: Editorial Dagón
Web: *http://www.editorialdagon.es*
E-mail: *editor@editorialdagon.es*

ISBN: 978-1-947571-35-8
Legal Deposit: V-1964-2020

Printed in Spain

Nota Importante: El propósito de este libro es educar. Ni el autor, ni el titular de los derechos de autor, y ni la Fundación TSG Publishing Foundation, Inc., tendrán compromiso, ni responsabilidad con alguna persona o entidad, con respecto a alguna pérdida o daño, causado directa o indirectamente, por la información contenida en este libro.

Esta edición en español ha sido completada gracias al generoso apoyo del Grupo TSG en Idioma Español y al Grupo de Estudios Teosóficos de Valencia (España). Expresamos nuestra profunda gratitud hacia todos aquellos que colaboraron con este proyecto.

SOBRE EL AUTOR

Torkom Saraydarian (1917 – 1997) nació en Asia Menor. Desde la niñez, fue entrenado en las Enseñanzas de la Sabiduría Eterna.

Visitó monasterios, templos antiguos y escuelas de misterios con el fin de encontrar las respuestas a sus preguntas sobre el misterio del hombre y el Universo.

Vivió con Sufis, derviches, místicos Cristianos y maestros de música y danzas del templo. Su educación musical incluyó el violín, piano, laúd, cello y guitarra. Le tomó largos años de disciplina y sacrificio poder absorber la Sabiduría Eterna de sus fuentes verdaderas. La meditación se convirtió en parte de su vida diaria, y el servicio, una expresión natural de su alma.

Torkom Saraydarian dedicó su vida entera al servicio de sus congéneres humanos. Sus escritos, conferencias, y música, muestran su total devoción a los principios, valores y leyes superiores que están presentes en todas las religiones y filosofías mundiales. Estos trabajos representan una síntesis de lo mejor y más bello en la cultura sagrada del mundo. Sus trabajos enriquecen el pensamiento fundacional sobre el cual el hombre puede construir su Futuro.

Torkom Saraydarian escribió un gran número de libros, muchos de los cuales han sido publicados. Todos sus libros continuarán siendo publicados y distribuidos. Algunos han sido traducidos al armenio, alemán, italiano, español, portugués, griego, holandés y danés.

Dejó un rico legado de escritos y composiciones musicales para el disfrute y beneficio de toda la humanidad por muchos años por venir.

CONTENIDO

Basado en las enseñanzas impartidas por H.P. Blavatsky, el Maestro Djwhal Khul y Helena Roerich.

LA JERARQUÍA – PARTE I

1

LA JERARQUÍA

1. *«Nada salvo la Jerarquía transformará la vida a su nivel superior de consciencia. Trabajemos por la Luz de la Jerarquía.»*[11]

2. *«Ellos preguntarán: «¿Sobre qué está construida la fortaleza de la Hermandad?» –Respuesta: «Sobre la doctrina del Corazón, la doctrina del trabajo, sobre la doctrina de la belleza, sobre la doctrina de la evolución, sobre la doctrina de la tensión –la doctrina de lo más vital.»*

«Los pilares de Nuestros cimientos son enviados a regenerar el espíritu de la comprensión.»[2]

3. *«¡Qué majestuosa es la ley de la Jerarquía! ¡Qué constructivas son todas las leyes de la Jerarquía! Verdaderamente, la escalera llega al Cielo. Así, todos aquellos que se esfuerzan hacia la Jerar-*

1. Agni Yoga Society, *Jerarquía*, prefacio.
2. *Ibíd.*, afor. 10.

quía pueden cumplir la Voluntad Superior a través de una tarea dada desde Arriba. Así construimos Nosotros a través de la Jerarquía; de aquí que cada Indicación debería ser cumplida como fue dada por la Jerarquía. Sólo así podrá uno cumplir la Voluntad Superior. Por lo tanto, uno debería verdaderamente custodiar el deseo de la Jerarquía. Uno debería proteger toda la Fuente afirmada como perlas del espíritu.»[3]

4. *«Pasarán décadas antes que se vuelva evidente el proceso de autodestrucción, pero este aumenta desde el mismo momento en que se niega a la Jerarquía.»*[4]

5. *«Aquellos que deseen conquistar deben adherirse estrechamente al Escudo protector, a la Jerarquía – sólo así puede uno conquistar.»*[5]

6. *«Existe una gran diferencia entre la tímida e inactiva confianza y tener todo el ser imbuido en la conciencia del Señor. Como una espada invisible, ¡la conciencia identificada con el Señor golpea duramente todos los obstáculos! ¡La duda no puede hallar refugio cuando una conciencia flamígera esta encendida! No habrá fatiga allí donde sea admitida la Fuente inextinguible de las Fuerzas.»*[6]

7. *«No sólo el vínculo directo con el Señor sino incluso el esfuerzo inconsciente hacia la Jerarquía*

---

3. *Ibíd.*, afor. 101.
4. Agni Yoga Society, *Mundo Ardiente*, Vol. I, afor. 554.
5. Agni Yoga Society, *Jerarquía*, afor. 111.
6. *Ibíd.*, afor. 149.

provee un vislumbre de la comunión con las fuerzas cósmicas.»[7]

8. «*Aquel que no renuncia a su comodidad no sabe cómo servir a la Jerarquía. Aquel que no acepta las Indicaciones de la Jerarquía no entiende el Servicio. Nosotros veneramos el esfuerzo de los discípulos al Servicio de la Jerarquía.»*[8]

9. «*En el camino hacia Nosotros uno debería adoptar todas las afirmaciones que establecen a la Jerarquía como un Ancla de Salvación. Verdaderamente, ¡la Jerarquía es como una Luz maravillosa para la humanidad! ¡La Jerarquía permanece vigilante como un poderoso Escudo!»*[9]

10. «*También se dijo: ‹Sígueme›. Así hablará todo Jerarca, afirmando un movimiento progresivo. Él no podrá volver atrás; de otra manera la estrella que guía se ocultará detrás de las rocas»*[10]

11. «*Ciertamente la vida de cualquiera que, aunque haya sido por pocas veces, se opone a la Jerarquía, se vuelve muy complicada, porque esa es la ley de la vida. De aquí que se debe comprender lo importante que es seguir a un Jerarca. En efecto, los tenebrosos están furiosos y atemorizados, pero Nosotros somos más poderosos que la obscuridad.»*[11]

---

7. *Ibíd.*, afor. 161.
8. *Ibíd.*, afor. 295.
9. *Ibíd.*, afor. 338.
10. Agni Yoga Society, *Jerarquía*, afor. 340.
11. *Ibíd.*, afor. 409.

12. *«Nosotros sabemos de la inutilidad de todo lo superficial y de aquello expulsado exteriormente. Así como con un constructor, Nosotros convocamos a los colaboradores. Pero Nosotros dejamos a aquel que no necesita de Nuestra barca para cruzar el océano, incluso si lo quiere hacer en una vara de bambú.»*[12]

13. *«Cuando el Mundo está hundido en la obscuridad de la negación, entonces en efecto, uno debe esperar la destrucción de los decrépitos e inadecuados fundamentos, porque, ¿de qué otra manera podría regenerarse el Mundo? ¿Cómo podría la humanidad volver a la sensatez sino por la destrucción de todos estos inadecuados fundamentos? Sólo cuando la humanidad comprenda lo nuevo y afirme los grandes principios de la Jerarquía, será posible confirmar la salvación de la humanidad. En consecuencia, Nosotros impelemos al planeta intensamente hacia los principios de la Jerarquía de la Dicha. La pérdida de los principios supremos debe ser compensada, porque cada principio perdido produce agitación cósmica. Por consiguiente, la humanidad debe regenerarse sobre el principio de la Jerarquía.»*[13]

14. *«Nosotros protegemos sólo a aquellos [que están] en el camino correcto. Cuando alguien duda en la obscuridad, caerá fuera del área del Rayo.»*[14]

12. *Ibíd.*, afor. 410.
13. *Ibíd.*, afor. 411.
14. Agni Yoga Society, *Jerarquía*, afor. 413.

15. «*Aquellos que buscan la Verdad podrán encontrar el significado del Ser sólo en el sendero de ascenso hacia la Jerarquía, pues de otra manera la vida permanecería como un círculo vicioso y durante miles de años el espíritu no podría encontrar su liberación. Por lo tanto, la ley de la Jerarquía es el principio que lidera.*»[15]

16. «*La Era que se aproxima debe liberar a la humanidad de cualquier esclavitud. Esto se puede conseguir mediante la cooperación con la Jerarquía.*»[16]

El Maestro Tibetano, a menudo llamado Maestro Djwhal Khul, hablando de la *Jerarquía*, dice:

«La Jerarquía Espiritual de la tierra es el conjunto de aquellos de la humanidad que han triunfado sobre la materia, que han logrado la meta del autodominio por el mismo camino que los individuos siguen hoy en día. Estas personalidades espirituales han luchado y peleado por la victoria y el dominio en el plano físico, y lucharon con las miasmas, nieblas, y peligros, problemas y penas de la vida cotidiana. Han hollado cada paso del sendero de sufrimiento; han pasado por todas las experiencias, han superado cada dificultad, y han vencido. Aquí yace su derecho a servir, y la fuerza y realidad de su relación con una humanidad que aún lucha. Conocen la quintaesencia del dolor y pueden medir exquisitamente sus

15. *Ibíd.*, afor. 420.
16. Agni Yoga Society, *Corazón*, afor. 139.

métodos a la necesidad del individuo. Se caracterizan por un amor que perdura, que actúa siempre por el bien del todo; por un conocimiento ganado a través de la vida; por la experiencia basada en la evolución del tiempo; por la valentía como resultado de esa experiencia; por un propósito que es iluminado e inteligente y se ajusta al propósito del Logos planetario, y a una voluntad dinámica que no admite interferencias para la eventual realización de ese propósito divino.»

«La Jerarquía Espiritual es el resultado de la actividad humana, la aspiración y el logro; ha sido creada por y desde la humanidad. Los miembros de la Jerarquía han logrado un completo control de la personalidad, o yo inferior. Ya no están centrados en la consciencia individualizada, sino que han entrado en la realización más amplia de la vida grupal planetaria, que incluyen todas las etapas, desde ese pequeño sentido de responsabilidad social del hombre o la mujer que da los primeros pasos en el sendero de la madurez espiritual, hasta la comprensión inclusiva del Cristo Mismo.»

«Los miembros de la Jerarquía son los Maestros de Sabiduría. Así como una Maestría en el campo académico indica que uno ha alcanzado la competencia, o maestría, en un área particular del entendimiento humano, el Maestro de Sabiduría es Aquel que, a través de la auto-maestría, ha logrado el dominio en todo el campo de la evolución humana. Debido a una predisposición natural individual hacia ciertas líneas de trabajo, cada uno de Ellos tiene una contribución especial que hacer hacia el progreso humano en uno de los siete campos principales del trabajo mundial: político, religioso, educativo, científico, filosófico, psicológico o económico.»

«Los Maestros son un grupo mundial de ejecutivos, expertos y hábiles en los diversos campos de trabajo en el mundo moderno, organizados en una estrecha red de comunicación en todo el mundo, con representantes en todas las naciones, tanto del este como del oeste, y trabajando en la más estrecha cooperación.»

«La organización jerárquica general tiene tres divisiones principales: Una que tiene la responsabilidad del progreso político mundial, o gobierno en su verdadero sentido; la segunda que tiene la responsabilidad de la enseñanza en sus tres aspectos: educación, religión y sanación; y una tercera división que es responsable de todo el progreso económico, industrial, relaciones laborales y de capital, descubrimientos científicos, finanzas en lo que concierne a todos los campos, la cultura intelectual y las artes. Esta tercera división es la más grande de las tres, con muchos tipos de departamentos de trabajo.»

«Los Maestros de Sabiduría son mucho más prácticos y realistas que los más eficientes ejecutivos de las grandes empresas en nuestro moderno mundo. Son mucho más potentes en lo que respecta a influir en los acontecimientos mundiales que los líderes más poderosos de cualquier nación o gobierno en el mundo.

Hacen un estudio constante de los asuntos humanos, observando tendencias y planificación humanas para el mejoramiento del mundo.»

«Los Maestros trabajan de acuerdo con el Plan y son conocidos como los ‹Custodios del Plan›. El Plan es para todos los hombres en todas las partes del mundo. El mundo funciona bajo el poder impulsor de la evolución misma.»

«Trabajan bajo la ley y nunca coaccionan ni presionan a la humanidad; la libertad individual, en particular la libertad mental, nunca se viola.»

«Todo lo que es realmente bueno para la humanidad en su conjunto es una ayuda legítima a su trabajo y se ajusta a los principios fundamentales del propósito del Plan mismo. Por ejemplo, el establecimiento de las rectas relaciones humanas entre las razas y las naciones y los grupos de todo tipo; la sustitución de la cooperación por la competencia en todos los departamentos de los asuntos humanos; el crecimiento del reconocimiento y el uso del poder de la buena voluntad.»

«El trabajo desde el siglo XV se ha llevado a cabo mediante el envío de discípulos avanzados, calificados y entrenados para trabajar en estos campos particulares. Un número de tales discípulos aparecieron más o menos al mismo tiempo, a veces en diferentes partes del mundo, trabajando por separado, pero produciendo un efecto sobre la consciencia humana. Hoy, todo el trabajo está interrelacionado y coordinado en un esfuerzo grupal mundial, y los miembros más antiguos de este grupo, que son responsables de la implementación del Plan en estos diversos campos, han sido llamados el Nuevo Grupo de Servidores del Mundo.»

«Los resultados del trabajo logrado en estos siete campos se pueden ver claramente.»

«a. Todo el nivel de la inteligencia humana ha sido elevado y las mentes de los hombres se han hecho generalmente más activas en todas las razas, en todas partes. La humanidad ha progresado a un estado donde un público inteligente puede discutir los problemas del mundo.»

«b. Las divisiones básicas y la separatividad no reconocidas hace quinientos años, son ahora reconocidas como dañinas y se buscan remedios.»

«c. Se ha logrado la interrelación mundial, la intercomunicación y la interdependencia económica, garantizando así la unidad mundial última.»

«d. El progreso de las viejas maneras e ideas hacia las nuevas ha promovido una división natural de hombres y mujeres inteligentes en dos actitudes básicas generales: la conservadora y la progresista. Esto se aplica en todos los campos de los asuntos humanos, produciendo comparaciones clarificadoras que traen oportunidades de elección y, por lo tanto, oportunidades de mejora.»

«e. Una amplia empresa filantrópica totalmente desconocida antes del año 1500 ha aparecido, que es el resultado práctico del crecimiento del concepto de la hermandad de la humanidad.»

En los libros de ocultismo se da una profunda Enseñanza sobre la cosmogénesis. Se nos dice que nuestro Sistema Solar es creado por una gran entidad, que se llama el Logos Solar.

Dentro de este Sistema Solar tenemos planetas que son como órganos o centros en el cuerpo del Logos Solar. Cada planeta tiene otros seis compañeros, algunos de los cuales son visibles, si están construidos de una sustancia o materia más burda, y otros son invisibles debido a la materia más fina con la que están construidos. El planeta y los seis compañeros se llaman una Cadena[17].

Se nos dice además que cada cadena es el cuerpo de un gran Ser, y este Ser encarna siete veces. Esto significa que tenemos siete Cadenas que vienen a la existencia sucesivamente.

Entre una cadena y otra tenemos millones de años. Cuando una cadena muere, tenemos un período de descanso que en sánscrito se llama *pralaya*. Cuando la Cadena se crea, tenemos el período de actividad o *manvantara*. Son llamados también, las Noches y los Días del Eterno Uno.

---

17. Véase *Cosmos en el Hombre*, Cap. I, por Torkom Saraydarian.

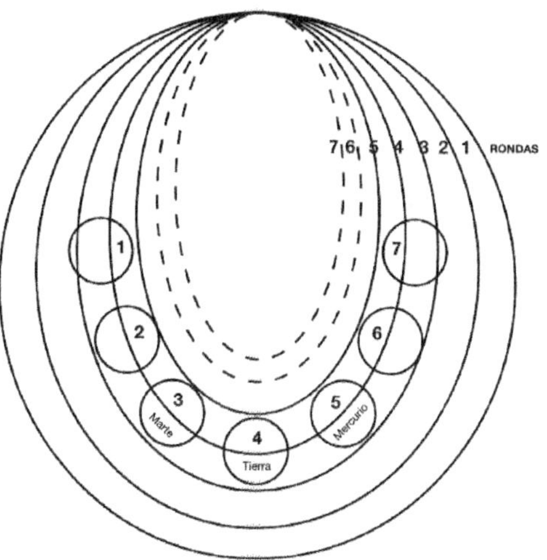

Figura 1: *Las Siete Rondas de la Cadena Terrestre*

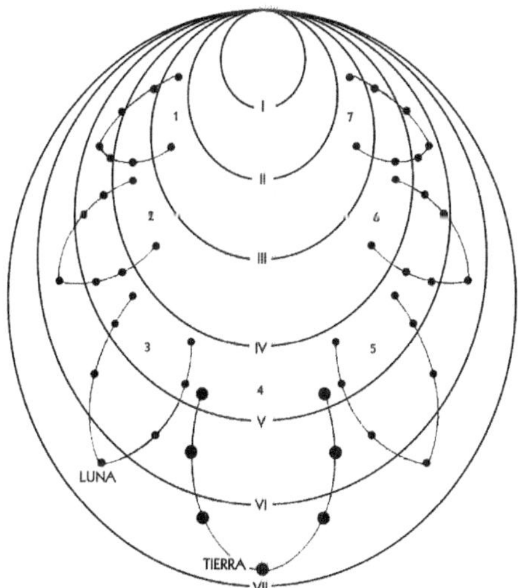

Figura 2: *Las Siete Cadenas de Nuestro Esquema y el Plano Físico Cósmico*

Cada Globo terráqueo pasa por siete Rondas, lo que significa que la vida de cada planeta se renueva a sí misma siete veces, produciendo cada vez una humanidad nueva y más evolucionada.

En cada Ronda siete Razas Raíz vienen a la existencia. Nuestro Globo, la Tierra, es el cuarto Globo de la cuarta Cadena y nuestra Raza es la quinta Raza Raíz. Estamos en la materia más densa. En los siguientes Globos estaremos en los planos etérico, astral y mental.

LAS CADENAS, GLOBOS Y CINCO RONDAS

Para comprender la formación de la Jerarquía y la condición de nuestra Cadena y planeta, pasado y futuro, presentamos el siguiente diagrama:

La Cadena de la Tierra

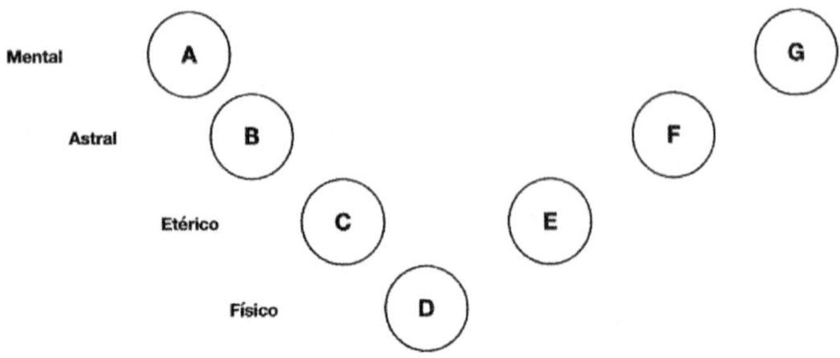

Esta es nuestra Cadena con los siete globos.
D es nuestra Tierra.

Para mostrar la relación de los Globos con las Rondas, podemos observar el diagrama Nº 1. Estamos en la cuarta Ronda y en el cuarto Globo. Estamos en la quinta Raza Raíz, llamada Aria[18].

Leemos en *La Doctrina Secreta* que: «Nuestra Tierra, como representante visible de sus globos compañeros invisibles y superiores, sus «señores» o «principios», tiene que vivir, como los demás, durante siete Rondas. Durante las tres primeras, se forma y se consolida; durante la cuarta se asienta y se endurece; durante las tres últimas, vuelve gradualmente a sus formas etéreas»[19].

«...cada «Ronda» en el arco descendente, es tan sólo una repetición en forma más concreta de la precedente; así como cada Globo hasta nuestra cuarta esfera (la Tierra actual), es una copia más burda y material de la esfera más brumosa que la precede, en su orden sucesivo en los tres planos superiores»[20].

Llegando a nuestro cuarto Globo, la Tierra, *La Doctrina Secreta* dice: «El Globo era *‹ígneo, frío y radiante, lo mismo que sus hombres y animales etéreos, durante la primera Ronda›* ».[21]

El elemento que manifestó la primera Ronda fue el *fuego.* En la segunda Ronda se manifestó el elemento *aire.* En la tercera Ronda, nació el *agua.* Y en la cuarta Ronda el planeta se materializó relativamente.

«El Ocultismo nos dice que los prototipos astrales de los reinos mineral, vegetal y animal, hasta el hombre, han invertido ese tiempo (300 millones de años) en su evolución, rehaciéndose a partir de los mate-

---

18. Véase *Cosmos en el Hombre,* Cap. I, por Torkom Saraydarian.
19. Blavatsky, H.P., *La Doctrina Secreta,* Vol. I, pág. 159. Ed. Orig.
20. Blavatsky, H.P., *La Doctrina Secreta,* Vol. I, pág. 232-3. Ed. Orig.
21. Blavatsky, H.P., *La Doctrina Secreta,* Vol. I, pág. 273. Tercera Edición.

riales desechados de la Ronda precedente, los cuales, aunque muy densos y físicos en su propio ciclo, son relativamente etéreos comparados con la materialidad de la mitad de nuestra Ronda. A la expiración de estos 300 millones de años, la Naturaleza, en su camino hacia lo físico y material, en el arco del descenso, comienza con la humanidad en su trabajo hacia abajo, endureciendo o materializando las formas a medida que avanza.»[22]

El hombre siguió el mismo patrón: fue ígneo en la primera Ronda; en la segunda Ronda tuvo una forma etérea –aérea; en la tercera Ronda se volvió acuoso, y fue sólo en la cuarta Ronda que desarrolló huesos y endureció.

En esta cuarta Ronda en nuestra tierra, siete Razas Raíz se desarrollaron con todos los otros reinos. Este gran proceso de evolución es supervisado por grandes Seres llamados «Vigilantes», o «Manús».

Un Hombre Celestial usa un esquema de evolución como Su vehículo de encarnación. En la Sabiduría Antigua este gran Ser se llama un Logos Planetario.

Un Logos planetario encarna en un Esquema, siete veces en siete Cadenas. Cada vez que la Cadena entra en pralaya, el ciclo de descanso, decimos que esta gran Vida dejó su cuerpo de manifestación y entró en reposo, para reencarnar una vez más a través de la siguiente Cadena.

22. Blavatsky, H.P., *La Doctrina Secreta*, Vol. II, pág. 72. Tercera Edición.

2

LOS MANÚS

El Gran Ser, llamado Manú, estaba organizando las futuras formas de vida de este planeta con la asistencia primera del Logos Planetario, cuyo cuerpo era la esfera ardiente llamada tierra. Su deber era, en esta primera Ronda, traer a la Tierra, desde las altas esferas, todos los arquetipos para todos los reinos futuros en la tierra. Estos arquetipos iban a ser construidos por otras fuerzas o seres para prepararlos para ser usados por las vidas en el sendero de la evolución.

En *La Doctrina Secreta* se nos dice que «no puede darse a nada ninguna forma, sea por la Naturaleza o por el hombre, cuyo tipo ideal no exista ya en el plano subjetivo».[23]

En las obras ocultas se mencionan varios Manús, que podemos enumerar de la siguiente manera:

a. Tenemos al Manú que supervisa un Esquema de evolución, lo que significa siete Cadenas. Se le puede

23. Blavatsky, H.P., *La Doctrina Secreta*, Vol. I, pág. 282. Ed. Orig.

llamar el Logos Planetario, que crea cuarenta y nueve Globos en siete Cadenas.

b. Luego tenemos al Manú que es responsable por una Cadena, o siete Globos, y puede llamarse Manú de la Cadena o Manú Semilla.

c. Tenemos un Manú que supervisa la evolución de una Ronda, y puede llamarse Manú de la Ronda.

d. Tenemos también el Manú del período global, que supervisa la evolución de las Siete Razas en un Globo y puede llamarse Manú del Período Global.

e. Luego tenemos un Manú para cada Raza Raíz, y Él puede ser llamado Manú de Raza Raíz.

El Manú de una Cadena tiene dos nombres. Se llama Manú Semilla y Manú Raíz. Se le llama Manú Semilla cuando en la conclusión de una Cadena, Él reúne para Sí mismo todas las Rondas de la evolución en esa Cadena, las mantiene en pralaya, o en el estado Nirvánico, y luego las pasa a la siguiente Cadena. El Manú que recibe los resultados o productos de la Cadena anterior del Manú Semilla es llamado en la literatura esotérica el Manú Raíz.

Este Manú Raíz supervisa la evolución de las entidades en la nueva Cadena. Por lo tanto, un Manú de Cadena es alternativamente un Manú Semilla y un Manú Raíz.

En cada pralaya entre Cadenas, el Manú Semilla prepara el plan general para la siguiente Cadena, y se la pasa al Manú Raíz para que funcione dentro de cada uno de los siete Globos de la Cadena.

Se nos dice que el Manú Raíz de la Cadena de la Tierra se llama Vaivasvata. Él vino de la cuarta Cadena del Esquema evolutivo de Venus.

Mencionemos que todos estos Manús fueron humanos hace mucho tiempo, y a través de un esfuerzo continuo progresaron paso a paso en la escala de la evolución para alcanzar tal posición. Todos estos Manús están estrechamente relacionados entre sí y tratan de llevar a Su nivel y área el propósito del Logos Solar, a través del siguiente Manú superior. Así, el flujo de la intención divina, desde El Logos Solar hasta el último reino de la naturaleza, es provisto. Cada Manú tiene un plan a Su propio nivel que es parte del plan general del Logos Solar.

Todos los Arquetipos de nuestros siete Globos fueron traídos por nuestro Manú de la Cadena desde los reinos superiores. Esto sucedió en la primera Ronda de la Cadena de la Tierra. Los Arquetipos son formas de pensamiento dinámicas construidas de sustancia cósmica, y son los que impulsan nuestra cultura y civilización hacia la perfección.

De la palabra Manú, tenemos Manvantara, que significa entre dos Manús; un Manú es el Manú Semilla, el otro, el Manú Raíz. Este es el período de tiempo en el que la evolución activa se lleva a cabo a través de la manifestación. Esto se da entre dos Cadenas. Tenemos, también Mahamanvantara, que significa entre dos Esquemas. Así podemos decir que cada Esquema del Logos Planetario actúa a través de siete Manús, con un total de cuarenta y nueve Manús. Leemos en *Tratado sobre Fuego Cósmico* que: «Los cuarenta y nueve Manúes constituyen los custodios y guardianes de los ciclos de la raza en un manvantara o Día de Brahma. Existen siete razas en un período mundial y siete períodos mundiales»[24].

Así, a medida que las vidas venían de la Cadena anterior, la Cadena Lunar, estaban encontrando las formas preparadas para ser habitadas. Es interesante saber que los primeros que llegan a una nueva Cadena son los que estaban atrasados en su evolución. Ocuparon las formas aún no desarrolladas, y los avanzados llegaron más tarde a medida que se desarrollaban las formas.

24. Bailey, A.A., *Fuego Cósmico*, pág. 631.

3

FUNDACIÓN DE LA JERARQUÍA

Al centrar nuestra atención ahora en nuestra humanidad, podemos decir que el hombre animal, en la Cuarta Ronda y en la primera y segunda Razas Raíz, no era como nuestra humanidad. La Primera Raza era etérea. El tipo de la Segunda Raza se muestra como una «bolsa acuosa». Ocuparon la tierra denominada Norte de Asia, uniendo Groenlandia y Kamchatka.

La Tercera Raza se llamaba la Raza Lemuriana o Lemur, y vivía en la tierra que se extiende desde los Himalayas pasando por Sumatra, Australia y Tasmania hasta la Isla de Pascua, y por el oeste a Madagascar y algunas partes de África. Contiguas a esta tierra estaban Noruega, Suecia, Siberia oriental y occidental y Kamchatka. Esta era la antigua Lemuria. Después de la Raza Lemuriana tuvimos la Raza Atlante, cuyo continente estaba situado donde está ahora el Océano Atlántico. De este continente quedan solo unas pocas islas, ya que fue destruido al sumergirse en el océano.

La vida de los habitantes de Lemuria era muy difícil y la Raza, en su conjunto, no progresaba en armonía con el progreso del Sistema Solar.

El Logos Planetario, con el gran Manú y los Señores de la Luna, consultó y decidió pedir ayuda a otras Cadenas para acelerar el programa de la humanidad y contribuir aún más al progreso del Sistema Solar. Pidieron la ayuda de Sanat Kumara, que vino con ciento cuatro Kumaras y sesenta mil millones de Ángeles Solares. Esto sucedió hace dieciocho millones años, en la mitad de la época Lemuriana.

Fue en ese momento cuando la humanidad recibió la chispa de la mente, y más tarde los Ángeles Solares, para guiar los pasos de la humanidad en el sendero de evolución según el Plan Divino. También fue durante este advenimiento que la Jerarquía fue fundada.

Se nos dice que Sanat Kumara vino a nuestro planeta de una de las Cadenas de Venus. En la mente de algunos estudiantes esotéricos existe confusión entre el Logos Planetario y Sanat Kumara. Sanat Kumara es el Representante del Logos Planetario, la extensión de Su Voluntad dentro de la humanidad, la personificación de Su Voluntad y Plan.

Se nos dice que «Estos Kumaras, Sanat Kumara y Sus tres discípulos, habiendo realizado la iniciación más elevada posible en el último gran ciclo, aunque todavía (desde Su punto de vista) tienen que dar otro paso, Se ofrecieron al Logos planetario de Su Rayo como ‹puntos focales› de Su fuerza, de manera que por este medio pudiera acelerar y perfeccionar Sus planes sobre la Tierra dentro del ciclo de manifestación. Han aplicado tres de los cuatro métodos. Están influenciados por el Logos Planetario, quien trabaja directamente como el Iniciador –en lo que al hombre concierne– por intermedio de Sanat Kumara y con los tres reinos de la naturaleza por intermedio de los tres Budas de Actividad –Sanat Kumara se relaciona así directamente con el Ego en el plano mental, y Sus tres Discípulos se ocupan de los otros tres tipos de conciencia, de los cuales el hombre es la síntesis. En el momento de la iniciación (después de la segunda Iniciación) Sanat Kumara se convierte en vocero y agente directo del Logos Planetario. Esa gran Entidad habla por Su intermedio y durante un segundo (si tal término puede aplicarse a un plano en que el tiempo, tal como lo comprendemos, no existe) el Logos planetario del Rayo a que pertenece el hombre dirige conscientemente -vía Su cerebro etérico- Su pensamiento sobre el Iniciado ‹llamándolo por Su Nombre›»[25].

En *La Doctrina Secreta* leemos que los nombres de estos Grandes Seres son Sanat Kumara, y Sananda, Sanaka, Sanâtana. Los nombres de los tres Kumaras esotéricos son Sana, Kapila, Sanatsujáta[26].

El Maestro Tibetano, hablando de Sanat Kumara, dice: «Si les explico que el ritmo del ceremonial de la vida cotidiana de Sanat Kumara, complementado por la música y el sonido llevados en ondas de color que abaten las riberas de los tres mundos de la evolución humana, desentraña -con las notas, tonos y matices más puros- la incógnita de Su propósito ¿les significaría algo? Apenas si tendrá sentido para ustedes y lo considerarán como un mero escrito simbólico, que he utilizado para impartirles lo incomunicable. Sin embargo, no escribo simbólicamente, sólo he dado una

25. Bailey, A.A., *Fuego Cósmico*, pág. 752.
26. Blavatsky, H.P., *La Doctrina Secreta*, Vol. I, pág. 457. Ed. Orig.

exacta versión de la realidad. Así como los más grandes aspectos de la belleza irrumpen en la conciencia humana, el ritual de la vida cotidiana de Sanat Kumara es impartido imperceptiblemente»[27].

«El Señor del Mundo es el único depositario de la Voluntad y el Propósito de Aquél de Quien Él es una expresión»[28], es decir, la personalidad.

«Se dice que Sanat Kumara es el prisionero divino de este planeta, retenido aquí hasta que el último y cansado peregrino haya vuelto al hogar.»[29]

La intención de Sanat Kumara y Sus asociados fue la de promover y acelerar la evolución de este planeta, ayudando así al programa del Sistema Solar en su conjunto.

Así que encarnaron en los planos etéricos y formaron la Sede de Sus actividades en Shamballa. Este es la Cabeza Central del planeta y se encuentra en el desierto de Gobi en materia etérica sobre la Isla Blanca.

Se nos dice que el primer puesto de avanzada de la Hermandad de Shamballa fue el Templo de Ibez y estaba situado en el centro de Sudamérica. El Maestro Tibetano dice que: «Estas cuatro letras son las primeras letras de los nombres reales de los cuatro Avatares, en los cuatro Globos de nuestra Cadena Terrestre, que han encarnado cuatro de los principios divinos. Las letras IBEZ no son las verdaderas letras en Senzar..., sino que son simplemente una distorsión europeizada. El verdadero significado sólo se transmite en la cuarta iniciación...». [30]

27. Bailey, A.A., *Los Rayos y las Iniciaciones*, pág. 246-247.
28. Bailey, A.A., *Ibíd.*, pág. 367.
29. Bailey, A.A., *Ibíd.*, *Curación Esotérica*, pág. 298.
30. Bailey, A.A., Tratado de Magia Blanca, pag.379.

Después de que se formó la primera Hermandad de Shamballa y el Templo de lbez, tomaron forma humana y establecieron grandes centros de disciplina, religión y yoga. Se convirtieron en reyes y líderes de las naciones, y enseñaron artes y oficios siempre que fue posible. La Biblia se refiere este período cuando dice que los Hijos de Dios caminaban entre los hombres. Muchas grandes figuras míticas se han originado de las actividades de esta gran Hermandad. Era tras era han entrenado a la humanidad y establecido los misteriosos ritos de iniciación, nos han dado grandes religiones, ciencia y arte, y han enseñado a gobernar, hasta que eventualmente de la humanidad se desarrollaron grandes seres, reemplazando y liberando lentamente a estos Hijos de Dios.

En la actualidad, hay siete Kumaras en nuestro planeta. Tres de ellos son exotéricos, y tres de ellos son esotéricos. Esto significa que tres de ellos, con nuestro propio Kumara, están activos, y se relacionan con el grupo de Maestros y la Humanidad, y los tres esotéricos «encarnan tipos de energía que hasta ahora no están en demostración completa en nuestro planeta. Cada uno de estos seis Kumaras es un reflejo y es el agente distribuidor de la energía de cada uno de los otros seis Logos Planetarios».

Los siete Kumaras son llamados también los Siete Espíritus ante el Trono, y son los canales de los Siete Rayos. Decimos que los tres Kumaras esotéricos cambian de tiempo en tiempo y se vuelven a su vez esotéricos y exotéricos, pero Sanat Kumara, Quien es llamado a veces el Rey, permanece.

Estos Siete Kumaras actúan como siete Centros Principales para el Logos Planetario. «Son agentes directores y transmisores de la energía, fuerza, propósito y voluntad del Logos Planetario en Su propio plano». En realidad, cada Kumara representa un Logos Planetario en nuestro planeta.

Además de estos siete Kumaras, «existe un grupo de cuatro Seres que representan en el planeta los cuatro Maharajáes, o los cuatro Señores del Karma en el sistema solar, y se ocupan específicamente de la evolución del reino humano en la actualidad». Estos cuatro están conectados con:

1. La distribución del karma, o destino humano, en la medida en que afecta a los individuos y a través de los individuos, a los grupos.
2. El cuidado y tabulación de los registros akáshicos. Son los que se ocupan de la Sala de los Registros, o de la ‹conservación de los archivos›.
3. La participación en los concilios solares. Sólo ellos tienen derecho, durante el ciclo mundial, de pasar más allá de la periferia del esquema planetario y participar en los concilios del Logos Solar. Así, son literalmente mediadores planetarios, representando a nuestro Logos Planetario y todo lo que Le concierne en el esquema mayor del cual Él es sólo una parte.

«Cooperando con los Señores del Karma hay grandes grupos de iniciados y devas que se ocupan del correcto reajuste de

1. el karma mundial,
2. el karma racial,
3. el karma nacional,
4. el karma grupal,
5. el karma individual,

y son responsables ante el Logos Planetario de la correcta manipulación de esas fuerzas y son agentes constructores que traen a los egos de los distintos rayos, en los momentos y temporadas exactos.»[31]

31. Bailey, A.A., *Iniciación, Humana y Solar*, pág. 39-41.

4

LOS TRES DEPARTAMENTOS DE LA JERARQUÍA

La Jerarquía se dividió en tres departamentos, cada departamento con treinta y cinco kumaras. Sobre todos estos departamentos gobierna Sanat Kumara.

El primer departamento fue el Departamento de Gobierno, que estaba y está trabajando bajo el Primer Rayo de poder y voluntad.

El segundo departamento fue el Departamento de Enseñanza, que originó todas las religiones y misterios de las eras. Este departamento trabaja a través del Segundo Rayo de amor-sabiduría.

El tercer departamento es el Departamento de Cultura y Civilización, y se llama el Departamento del Mahachohan, y funciona bajo el Tercer Rayo, y a través del Cuarto, Quinto, Sexto y Séptimo Rayos.

A la cabeza del primer departamento se encuentra un Manú que es llamado por Su propio nombre. El presente Manú, Manú Vaivasvata, es el Manú de nuestra Raza Aria. Según fuentes esotéricas, Él asumió su cargo hace cien mil años. En un futuro cercano otro Gran Ser lo reemplazará.

El Maestro Tibetano dice que: «El Manú o prototipo de la cuarta raza raíz, trabaja en íntima relación con Él, y su centro de influencia se halla en China. Es el segundo Manú que ha tenido la cuarta raza raíz, y ha ocupado el lugar del anterior, durante las etapas finales de la destrucción de la Atlántida. Ha permanecido para fomentar el desarrollo del tipo racial y provocar su desaparición final. Los períodos de actuación de los diversos Manús se superponen; actualmente no queda en el globo ningún representante de la tercera raza raíz. El Vaivasvata Manú reside en los Himalayas y ha reunido a Su alrededor, en Shigatsé, a algunos de los que están relacionados directamente con las cuestiones arias en la India, Europa y América, y a aquellos que más tarde se ocuparán de la futura sexta raza raíz. Los planes se preparan para épocas futuras; se constituyen centros de energía, miles de años antes que sean necesarios, y por la sabia previsión de estos Hombres Divinos, nada se deja al azar, sino que todo se mueve en cielos ordenados y bajo regla y ley, aunque dentro de limitaciones kármicas.

El trabajo del Manú concierne en gran parte al gobierno, la política planetaria y el establecimiento, dirección y disolución. de tipos y formas raciales. A Él se le confía la voluntad y el propósito del Logos planetario. Sabe cuál es el objetivo inmediato para este ciclo de evolución que debe presidir, y Su trabajo consiste en hacer cumplir esa voluntad. Trabaja en más estrecha colaboración con los devas constructores, que con Su Hermano el Cristo, pues Su misión es establecer el tipo racial, segregar los grupos por los cuales se desarrollarán las razas, manipular las fuerzas que mueven la corteza terrestre, levantar y hundir continentes, dirigir la mente de los estadistas de todas partes, para que el gobierno racial proceda como es de desear y se logren las condiciones que proporcionarán el personal necesario para fomentar cualquier tipo racial particular. Ya se observa en América del Norte y en Australia un trabajo similar.

La energía que afluye a través de Él, emana del centro coronario del Logos Planetario y Le llega a través del cerebro de Sanat Kumara, que centraliza en Sí toda la energía planetaria. Actúa por medio de la meditación dinámica, llevada a cabo en el centro coronario, produciendo resultados por Su perfecta comprensión de lo que debe realizarse, por Su poder de visualizar lo que debe hacerse para lograr la realización, y por Su capacidad de trasmitir energía creadora y destructora a quienes son Sus ayudantes. Todo esto se realiza por el poder de la emisión del sonido.»[32]

El segundo departamento se llamaba, como vimos, el Departamento de Enseñanza. Al comienzo de la fundación de la Jerarquía, la cabeza era un gran Kumara de la línea de enseñanza, antes del actual Jefe de la Jerarquía. El jefe de este departamento fue Buda, que encarnó como Vyasa, y en ese momento fundó la religión de los hinduistas. También se nos dice que Él fue Hermes en Egipto, quien dio la religión de la Luz. Luego reapareció como Zoroastro en Persia y dio la religión del Fuego. La tradición oculta dice también

32. Bailey, A.A., *Iniciación, Humana y Solar*, pág. 42-43.

que en Grecia apareció como Orfeo y fundó los Misterios Órficos.

En la actualidad, el Jefe de este segundo departamento es Cristo, Quien en Oriente se llama Boddhisattva o el Señor Maitreya. Él es el sucesor del Señor Buda y en el pasado apareció como Krishna. Él es el Instructor del Mundo. El Instructor de los Ángeles y los Hombres, y cuando Él reaparezca, traerá la religión de las Subrazas Sexta y Séptima de la presente Raza Raíz Aria. Leemos en los libros de ocultismo que Él va a ser el Buda de la futura Sexta Raza Raíz. Se nos dice que Él tomó Su cargo como el Instructor del Mundo alrededor del año 600 a.C.

«A través de Él fluye la energía del segundo aspecto que Le llega directamente desde el centro cardíaco del Logos planetario, a través del corazón de Sanat Kumara.» [...]

«El Instructor del Mundo dirige esa conciencia inmanente en su aspecto vida o espíritu, tratando de energetizarla dentro de la forma, para ser ésta descartada a su debido tiempo, y el espíritu liberado volver a su origen. Desde que dejó la Tierra, como dice con relativa exactitud la Biblia (aunque con muchos errores en los detalles), siempre ha permanecido con los hijos de los hombres. Nunca nos ha abandonado, sino en apariencia, y quienes conocen el camino pueden hallarlo en cuerpo físico en los Himalayas, trabajando en íntima colaboración con Sus dos grandes Hermanos, el Manú y el Mahachohan. Diariamente imparte su bendición al mundo, y permanece todos los días bajo el gran pino de Su jardín, a la puesta del sol, con las manos en alto, bendiciendo a quienes tienen verdadera y fervorosa aspiración.»[33]

También se nos dice que con Él trabajan el Maestro Europeo, el Maestro Kuthumi, el Maestro Djwhal Khul y muchos otros.

El tercer departamento es el Departamento del Señor de la Civilización, o Mahachohan. En la actualidad, su Jefe es el Maestro Rakoczi. Trabaja bajo el Tercer Rayo, y a través del Cuarto, Quinto, Sexto y Séptimo Rayos. Una vez Voltaire, escribiendo sobre Él dijo: «Es un hombre que nunca muere y que lo sabe todo». El Jefe de este departamento era originalmente un Kumara que vino con Sanat Kumara.

Con el Mahachohan trabaja el Maestro Veneciano. El Maestro Serapis, el Maestro Hilarión, el Maestro Jesús y otros que lograron la maestría en el Séptimo Rayo[34] (el Rayo de las Finanzas), en el Sexto (el Rayo de la Devoción y la Ideación Abstracta), en el Quinto (el Rayo de la Ciencia Concreta), en el Cuarto (el Rayo de la Armonía a través del Conflicto) y en el Tercero (el Rayo de la Inteligencia Activa o Adaptabilidad).

El Jefe del departamento – «Por ser reflejo del tercer aspecto o creador, la energía del Logos Planetario fluye hacia Él desde el centro laríngeo, y es Quien de muchas maneras hace posible el trabajo de Sus hermanos (Sanat Kumara)» [35].

---

33. Bailey, A.A., *Iniciación, Humana y Solar*, pág. 44.
34. N. del T.: Las fuentes esotéricas nos dicen que actualmente el Séptimo Rayo se encuentra bajo la responsabilidad del Maestro Inglés, de quien aún no se conoce su nombre.
35. Bailey, A.A., *Iniciación, Humana y Solar*, pág. 45.

Se nos dice que tres energías son dirigidas por los Jefes de los tres departamentos de la Jerarquía.

«El Manú es receptivo y agente de la energía de la voluntad divina para la Humanidad; el Cristo es el agente de distribución de la energía que trae la revelación intuitiva; el Mahachohan es responsable de la entrada de ideas en la consciencia del discípulo, del aspirante y de la intelectualidad.»[36]

Los tres departamentos de la Jerarquía también están divididos en siete grandes grupos –cada uno tratando de formar siete Ashrams, bajo los poderes de los Siete Rayos. Debemos enfatizar aquí que sólo hay un Ashram, y es la Jerarquía, y la Jerarquía es el Ashram del Señor del Mundo, y está «dirigido y controlado» por el Cristo.

Crearon siete Ashrams principales a la cabeza de los cuales se encuentran un Chohan, o un Iniciado de Sexto Grado. La totalidad de los grupos forma el Ashram de Sanat Kumara, al que llamamos la Jerarquía del planeta.

Los grupos se dividen de la siguiente manera:

El Ashram de ***Primer Rayo***, que trata de la política mundial.

El Ashram de ***Segundo Rayo***, que se ocupa de la educación.

El Ashram de ***Tercer Rayo***, que trata de la filosofía.

El Ashram de ***Cuarto Rayo*** trata de la armonía, la belleza y las artes.

El Ashram de ***Quinto Rayo*** trata con la ciencia en el mundo.

36. Bailey, A.A., *Rayos e Iniciaciones*, pág. 712.

El Ashram de ***Sexto Rayo*** trata con las religiones en el mundo.

El Ashram de ***Séptimo Rayo*** se ocupa de la economía y las finanzas en el mundo, y con la expresión de los valores espirituales.

Cada uno de estos siete Ashrams está planeado para crear otros seis Ashrams en su propia línea de energía, lo que hace que el número total de Ashrams sea de cuarenta y nueve. Estos Ashrams no están completos aún, pero están en formación. A medida que los Iniciados de diferentes Rayos progresan y entran en la Iniciación superior, van y encuentran su propio lugar y completan los Ashrams. Los Ashrams no son estáticos; ellos cambian al personal a menudo para adaptarse al ajuste necesario del flujo de energías.

En la actualidad, los siete Ashrams principales tienen unos pocos Ashrams subsidiarios, pero el Ashram de Primer Rayo no tiene ninguno todavía. La razón es que las almas del Primer Rayo son muy raras en esta fase de la historia humana, y es muy difícil ser un Iniciado de Primer Rayo, ya que los requisitos son muy elevados.

Bajo la supervisión de muchos Ashrams, los grupos están trabajando en referencia a Rayos y deberes especiales. Estos grupos eventualmente se graduarán y formarán los Ashrams subsidiarios de los siete Ashrams mayores. En cierto sentido son la externalización de la Jerarquía, ya que están llevando la energía Jerárquica y el Plan a la humanidad tanto como pueden. Es este servicio también el que los está preparando para la admisión en los Ashrams.

Debemos recordar también que los Maestros avanzan continuamente en Sus propios departamentos, y dentro de Su propia etapa de Maestría. Hoy en día, un Maestro de quinto grado es mucho más avanzado que un maestro en la misma Iniciación durante los tiempos de la Atlántida. También los requisitos para la Iniciación son mucho más exigentes que antes.

Nuestra Jerarquía comenzó a registrar la influencia y la energía que viene de la Logia de Sirio cuando Cristo se convirtió en la encarnación del principio del amor. En realidad, cada Iniciado de Quinto Grado es miembro de la Logia de Sirio, y todo el trabajo de la Jerarquía es supervisado o controlado por la Logia de Sirio, la cual es a menudo llamada la verdadera Logia Azul.

Los Ashrams se encuentran en la esfera de la Tríada Espiritual. Tenemos aquellos que trabajan en planos mentales superiores, aquellos que trabajan en el plano Intuicional a través del amor-sabiduría, y aquellos que funcionan en los planos Átmicos y su trabajo es más esotérico y está en la línea de la fuerza de la voluntad.

Aquellos que trabajan en los planos mentales superiores, trabajan en el Tercero y Quinto Rayos, a través de la filosofía y la ciencia del mundo. La cabeza de este Ashram es a menudo un Iniciado de Cuarto Grado.

Aquellos que trabajan en los planos Búdicos tratan principalmente con el amor, la comprensión y la sabiduría. Estos son los nombres de las energías que manipulan a través de la identificación y realización de la síntesis.

Hablando sobre el Plan, El Maestro, Djwhal Khul dice: «Es la producción de una síntesis subjetiva en la humanidad y de un intercambio telepático que finalmente aniquilará al tiempo. Hará asequible a los hombres todas las realizaciones y conocimientos del pasado, le revelará el verdadero significado de su mente y cerebro, lo convertirá en el amo de ese equipo, por lo tanto, lo hará omnipresente y, con el tiempo, le abrirá la puerta a la omnisciencia...»[37].

Aquellos que trabajan en los niveles Átmicos manipulan mayormente la energía proveniente de Shamballa y tratan de interpretar el propósito y formularlo en el Plan. Los Ashrams en los planos superiores son supervisados por el Maestro R. Los Ashrams en los niveles Búdicos son supervisados por los Maestros K.H. y D.K. y otros. Los Ashrams en el Plano Átmico son supervisados por el Maestro M. Todos Los Ashrams están bajo la supervisión del Cristo, que es el Maestro de todos los Maestros, y «El Mediador entre Shamballa y la Jerarquía, y entre la Jerarquía y la humanidad…».

37. Bailey, A.A., *Tratado sobre Magia Blanca*, pág. 403.

5

NIRMANAKAYAS

En relación con la Jerarquía, también tenemos algunos Grandes Seres que trabajan entre la Jerarquía y Shamballa. Se llaman Nirmanakayas o Contemplativos que están activos en la esfera Nirvánica. «Enfocan el llamado invocador jerárquico y (citando El Antiguo Comentario) ‹lo transcriben en notas musicales, gratas al oído de Aquel Que mora en el plano más elevado›. Luego transfieren a Shamballa las energías enfocadas y recibidas –después de la debida reflexión y contemplación. Una de Sus funciones es relacionar el llamado invocador de la Jerarquía con la ley kármica y, de este modo, determinar ‹en el profundo silencio de Su trabajo conjunto›, lo que es posible hacer por no infringir la intención kármica e imposible todavía de realizar en tiempo y espacio –dos factores principales regidos por la ley kármica. Ellos deben tener presente que el momento no ha llegado y que ‹la era kármica no puede exigir todavía que el bien demandado sea un bien cumplido›.»

«Los miembros de este grupo trasmiten también a la Jerarquía la respuesta evocada desde Shamballa. Están constantemente en contacto con la Cámara del Concilio en Shamballa Así como la Jerarquía –en este ciclo actual de esfuerzo mundial– trabaja por intermedio del nuevo grupo de servidores del mundo, del mismo modo Shamballa lleva a cabo sus intenciones (en lo que a la humanidad se refiere) por intermedio del grupo de Nirmanakayas»[38].

«En los momentos de la Luna nueva y la Luna llena los miembros de los Ashrams meditan profundamente en forma invocadora y evocadora; la meditación que practican se divide, por lo tanto, en dos partes: la primera evoca la inspiración de los Nirmanakayas con Quienes entran deliberadamente en contacto; la segunda invoca al nuevo grupo de servidores del mundo, que le permite estar bajo la impresión jerárquica y responder a ella. Tres veces al año –en los Festivales de abril, mayo y junio– se hace una conjunta meditación jerárquica, dirigida por el Cristo; estos Festivales invocan a Shamballa o a eso que está más allá de los Nirmanakayas, y esta meditación conjunta puede llevarse a cabo sin peligro bajo la guía dirigida y la inspiración más elevada posible. Cada ashrama puede acercarse como grupo a los Nirmanakayas, en períodos establecidos, para los cuales se hace la debida preparación; sólo el grupo de Ashramas en su totalidad, la Jerarquía como un todo, puede acercarse a Shamballa...»[39]

Más allá de estos Grandes Seres, se menciona también en escritos esotéricos, hay Seres más elevados aún,

38. Bailey, A.A., *Discipulado en la Nueva Era*, Vol. II, pág. 206.
39. Bailey, A.A., *Discipulado en la Nueva Era*, Vol. II, pág. 217.

que son correspondencias superiores de los Nirmanakayas, y son llamados Divinos Intermediarios Cósmicos. Son líneas de comunicación entre Shamballa y el Centro Solar. Atraen energías extra-planetarias y pasan estas energías al Logos Planetario para llevar a cabo Sus planes para Su Vehículo, el planeta y sus reinos.

«Es el grupo que aplica la Ley de Síntesis y mantiene firmemente (en la Mente universal del Logos) los resultados finales de la divina Voluntad al Bien».[40]

Así nuestra humanidad está en relación y en contacto con los Centros Solares a través de todos estos Grandes Seres, desde el aspirante hasta el propio Logos Solar.

También tenemos siete Grandes Seres que son llamados Señores Raja o Devas. Cada uno de ellos gobierna un subplano en el Plano Físico Cósmico, y cada uno de ellos es un vehículo de consciencia y energía. En realidad, se llaman «Hermanos de la Energía».

«El Señor Raja de un plano es la suma total de la sustancia de ese plano»[41].

Trabajan muy de cerca de los Kumaras, con los siete Rayos, y con toda la Jerarquía.

Mientras visualizamos todo este sistema de grandes Señores actuando sobre, y para este planeta, debemos recordar también que una integración gradual está ocurriendo dentro de todos estos grupos bajo la Voluntad del Logos Planetario, que actúa a través del Joven de los Eternos Veranos – Sanat Kumara.

40. Bailey, A.A., *Discipulado en la Nueva Era*, Vol. II, pág. 209.
41. Bailey, A.A., *Un Tratado de Fuego Cósmico*, pág. 442.

6

EL NUEVO GRUPO DE SERVIDORES DEL MUNDO

Se nos dice que la Jerarquía en la actualidad tiene un poco más de sesenta y cinco miembros, y en 1925 crearon el Nuevo Grupo de Servidores del Mundo, también llamado el Grupo de Almas Condicionantes. El Maestro Tibetano dice que: «Estas almas debido a su grado de evolución, a su etapa de desenvolvimiento y a su impresionabilidad a la idea grupal y al Plan, pueden venir a la encarnación y comenzar más o menos a desarrollar el Plan y a evocar una respuesta al mismo, en la conciencia humana. De allí que pueden ‹preparar el camino para el advenimiento del Señor› [...] Dichas almas son a veces vagamente conscientes de su estupenda tarea y, en la mayoría de los casos, inconscientes de su cualificador destino. Según El Antiguo Comentario, son guiadas como almas de la Jerarquía y antes de encarnar son conscientes del impulso de ‹ayudar al acongojado planeta y así liberar a los prisioneros que fueron cautivados por el deseo inferior›; pero una vez encarnados, esa conciencia también desaparece y su cerebro físico no será consciente de lo que sus almas se han propuesto. Sólo permanece el anhelo de realizar ciertas actividades específicas. No obstante, el trabajo continúa.»[42].

«Los Maestros y Su numeroso grupo de discípulos, actuando en los cinco planos del desarrollo humano, han estudiado minuciosamente a Sus discípulos aceptados, a los discípulos bajo su supervisión –que aún no han sido aceptados– y a los aspirantes del mundo. Ellos los han seleccionado y fusionado en un grupo en el plano físico externo, basando esta elección es:

a. La sensibilidad a la influencia acuariana.

b. La voluntad de trabajar en un grupo como parte integrante del mismo, sin tener ambición personal ni deseo de ser un líder. El discípulo que desea llegar a ser un líder, está automáticamente (aunque sólo provisoriamente) descalificado para este esfuerzo particular. Podrá realizar un buen trabajo, pero será secundario y estará más estrechamente relacionado con la era anterior que con el trabajo del Nuevo Grupo de Servidores del Mundo.

c. La dedicación desinteresada que nada retiene de lo que le corresponde dar correctamente.

d. La inofensividad que, aunque imperfecta, existe como ideal, hacia el cual el aspirante se esfuerza constantemente.

Muchas personas pueden participar en este trabajo.»[43]

42. Bailey, A.A., *Psicología Esotérica*, Vol. II, pág. 262.
43. Bailey, A.A., *Psicología Esotérica*, Vol. II, pág. 146.

El Maestro Tibetano da una gran esperanza diciendo esto:

«En el plano físico se está integrando –silenciosa, constante y poderosamente– sin organización exotérica alguna, ceremonial o forma externa, un grupo de hombres y mujeres que, finalmente, reemplazará al esfuerzo jerárquico anterior. Sustituirá a todas las iglesias, a todos los grupos y a todas las organizaciones, y con el tiempo llegará a constituir esa oligarquía de almas selectas que gobernará y guiará al mundo.

»Están siendo extraídos de todas las naciones, pero no son elegidos o reunidos por la alerta Jerarquía, ni por algún Maestro, sino por el poder de responder a la oportunidad, a la oleada y a la nota espiritual [...] Sus características son: síntesis, inclusividad, intelectualidad y un excelente desarrollo mental. No profesan ningún credo, salvo el de la Hermandad, basado en la Vida Una.»[44]

44. Bailey, A.A., *Tratado sobre Magia Blanca*, pág. 400.

7

REUNIONES Y CONFERENCIAS

La Jerarquía se reúne en varios ciclos. Celebra una conferencia general dos veces en un siglo. En el siglo pasado, se reunió en 1925 y en 1975.

«[Sanat Kumara] cuatro veces al año se reúne en concilio con los Chohanes y Maestros y autoriza lo que debe hacerse para adelantar los fines de la evolución.»[45]

Hacia el año 1500 la Jerarquía convocó a un cónclave a todos los departamentos «para determinar cómo podría apresurarse la urgencia por la integración» en los ámbitos religioso y político.

El Festival de Wesak, la Jerarquía se reúne bajo la jurisdicción de Sanat Kumara para tres propósitos:

«1. Entrar en contacto con la fuerza planetaria por mediación de Buda.

2. Celebrar la principal conferencia trimestral.

45. Bailey, A.A., *Iniciación, Humana y Solar*, pág. 106.

3. Admitir en las ceremonias de la iniciación a quienes están preparados y han cursado todos los grados.»[46]

«En todas las iniciaciones está presente el Señor del Mundo, pero en las dos primeras ocupa análoga posición a la ocupada por el Observador Silencioso, cuando Sanat Kumara toma el juramento de las Iniciaciones tercera, cuarta y quinta.»[47]

Las dos primeras iniciaciones son administradas por el Cristo. Chohans y Maestros se encuentran con el Señor y Sus discípulos cuando surge la necesidad. También tienen un momento fijo para las reuniones como, por ejemplo, en la luna llena de Aries, Tauro y Géminis y en la luna llena de diciembre cerca del Año Nuevo.

Los grupos afiliados a Ashrams se reúnen a menudo en planos subjetivos para animar, cargar y guiar a los discípulos para la «liberación de la humanidad».

---

46. Bailey, A.A., *Iniciación, Humana y Solar*, pág. 106.
47. Bailey, A.A., *Iniciación, Humana y Solar*, pág. 107.

8

EXTERIORIZACIÓN DE LA JERARQUÍA

Durante muchos, muchos siglos la Jerarquía ha trabajado detrás de la escena. Cíclicamente envían a sus discípulos y a los grandes Iniciados para recordar a la humanidad el Sendero del Infinito. A través de la Enseñanza dada por estos grandes Iniciados y discípulos tenemos mucha belleza en el mundo. Tenemos la belleza del color, la música, palabras escritas y arquitectura. Las grandes ideas han mantenido a la dignidad humana en alto y han hecho posible el progreso en la línea de entendimiento, paz y alegría.

Se nos dice que la Jerarquía siempre trabajó con la humanidad, pero fue en los tiempos de la Atlántida cuando se retiró hacia un segundo plano, o hacia una expresión subjetiva, y los Maestros no tuvieron contacto con la humanidad a escala grupal.

Fue H.P. Blavatsky quien por primera vez introdujo a los Maestros y los llevó a la consciencia pública en 1875, ya que ella estaba en estrecha relación con muchos Maestros. Más tarde tuvimos mayores revelaciones en los escritos del Maestro Tibetano, quien dictó a través de Alice A. Bailey a partir de 1919. Ellos dieron las claras y verdaderas Enseñanzas de los Maestros. Más tarde, un Alma muy noble, Helena Roerich, trajo la Enseñanza del Maestro Morya a través de los libros de Agni Yoga. A través del trabajo de estas nobles Almas, muchos discípulos encontraron el camino hacia los Ashrams de los Maestros y se convirtieron en colaboradores del Plan Jerárquico y de sus actividades. Enseñanzas más avanzadas se impartirán a partir del próximo siglo.

En este momento la Jerarquía está haciendo los preparativos necesarios para externalizarse y trabajar entre la humanidad bajo el liderazgo del Cristo. También se nos dice que el Señor Buda, el Espíritu de Paz (otra gran Vida relacionada con nuestra tierra), y el Avatar de Síntesis (quien puede acercarse sólo hasta el plano mental), forman un triángulo en cuyo centro se encuentra el Cristo fortificado por las energías de estos grandes Señores.

Más aún: «Debido a la magna tarea que el Cristo enfrenta, será fortalecido y apoyado por el Avatar de Síntesis, el ‹Silencioso Avatar›, hablando simbólicamente, ‹mantendrá Su ojo sobre Él, Su mano debajo de Él y Su corazón palpitará al unísono con el Suyo››».[48]

El Maestro Morya es un Maestro del Primer Rayo, y Su Ashram está formado por los Maestros de Primer Rayo. La energía de este Ashram está muy estrechamente relacionada con la energía de Shamballa. El Maestro Morya es el jefe de todas las escuelas eso-

48. Bailey, A.A., *La Reaparición de Cristo*, pág. 77.

téricas del mundo. Además, la energía que viene del Avatar de Síntesis hace un impacto primario sobre Su Ashram. «Allí científicamente se aminora o reduce antes de ser distribuida a los ashrams de los cinco Maestros dedicados al trabajo de preparación»[49].

El Maestro Tibetano dice que «los cinco Maestros relacionados con las etapas iniciales de la organización de la Jerarquía en la tierra son: el Maestro K.H., el Maestro Morya, el Maestro R., el Maestro que inició el movimiento laborista en el mundo moderno y yo, llamado el Maestro D.K.»[50].

«El Cristo trabaja, por lo tanto, en muy estrecha colaboración con el Maestro Morya y también con el Manú (uno de los tres Guías de la Jerarquía), y los tres –el Cristo, el Manú y el Maestro Morya– forman un triángulo de energías en el cual y por intermedio del cual, puede afluir la energía del Avatar de Síntesis, siendo dirigida correctamente por Sus esfuerzos combinados…»[51]

EL MAESTRO MORYA

El Maestro Morya es uno de los miembros de nuestra Jerarquía planetaria de los Maestros de Sabiduría. Él es Chohan del Primer Rayo ocupando una posición única en esta rama del primer Aspecto de nuestro Logos Planetario.

El Maestro Morya es un príncipe Rajput, que posee un cuerpo indio y vive en el Himalaya. Es alto, con una presencia dominante; cabello y barba oscuros, con ojos destellantes y penetrantes. Fue el Rey Akbar

49. Bailey, A.A., *La Exteriorización de la Jerarquía*, pág. 662.
50. Bailey, A.A., *La Exteriorización de la Jerarquía*, pág. 659.
51. Bailey, A.A., *La Exteriorización de la Jerarquía*, pág. 663.

en el pasado. Él está a la cabeza de todas las escuelas esotéricas del mundo[52]. Tiene una gran cantidad de estudiantes dispersos por todo el mundo, muchos de ellos en Europa. Es uno de los Maestros estrechamente relacionados con la fundación de la Sociedad Teosófica en 1875 y trabaja en estrecha colaboración con su Hermano, el Maestro Kuthumi.

EL MAESTRO KUTHUMI

El Maestro Kuthumi es un Iniciado de alto grado que ocupa un alto cargo dentro del Segundo Rayo de Amor-Sabiduría. Utiliza un cuerpo cachemir de noble presencia. Es alto, de tez blanca, con el pelo y la barba dorados, con ojos azul profundo, llenos de amor y sabiduría. Fue Pitágoras en una encarnación anterior. Estudió en la Universidad de Oxford y habla inglés con fluidez. Vive en las montañas del Himalaya, cerca de Shigatse, cerca del Maestro Morya. El Maestro K.H. asumirá el cargo del Cristo en el futuro.

EL MAESTRO DJWHAL KHUL (EL MAESTRO TIBETANO)

El Maestro Djwhal Khul es un Maestro de Segundo Rayo. Trabaja bajo el mando del Maestro Kuthumi y le ayuda tremendamente a entrenar discípulos y dictar libros a discípulos avanzados. Fue Él Quien dictó una gran parte de *La Doctrina Secreta* a H.P. Blavatsky y un número de libros de gran valor esotérico a Alice A. Bailey. Se le conoce como el Mensajero

52. N. del T.: Información transcrita directamente de los Manuscritos de Torkom Saraydarian. No hemos podido corroborarla.

de los Maestros. Él alcanzó la Maestría en Su encarnación presente. Utiliza el cuerpo de un tibetano chino y vive en Shigatse, cerca del Maestro Morya y del Maestro Kuthumi. Se ocupa principalmente de los movimientos filantrópicos, la Cruz Roja, el trabajo de curación y los Devas.

EL MAESTRO VENECIANO

El Maestro Veneciano es un Maestro de Tercer Rayo, trabajando bajo el Señor de la Civilización (el Mahachohan). Muy poco es permitido que se sepa acerca de Él. Se preocupa de los movimientos de la civilización. Es muy atractivo y alto. Tiene el cabello dorado, ojos azules y utiliza el cuerpo de alguien natural de Flandes. Vive en las costas del Adriático y participa activamente en los movimientos de cultura y civilización.

EL MAESTRO JÚPITER

Es el Maestro más antiguo que vive en la tierra. Él es el regente de India. Ayudó a H.P. Blavatsky en la preparación de *Isis Sin Velo*. H.P.B. le llamaba «El Viejo Caballero». Utiliza el cuerpo de un Brahmín, tiene el cabello y la barba blanca, y vive en la India. Se ocupa principalmente de la alquimia y la astrología esotérica.

EL MAESTRO HILARIÓN

El Maestro Hilarión es un Maestro de Quinto Rayo (ciencia concreta). Fue San Pablo de Tarso en Su encarnación anterior. Ahora utiliza un cuerpo griego y vive en Egipto. Aparenta ser muy joven. Dirige los movimientos de la Ciencia, incluyendo el antiguo arte de la Magia y está principalmente relacionado con la investigación psíquica, los movimientos espiritualistas, la Ciencia Cristiana y las actividades literarias. Suyos son los libros *Luz en el Sendero* que le dictó a Mabel Collins, y *La Voz del Silencio*, dictado a H.P.B. Cuando este libro fue dictado a H.P.B., Annie Besant también estaba presente en su habitación.

EL MAESTRO JESÚS

El Maestro Jesús es un Maestro de Sexto Rayo, que trabaja bajo la dirección del Mahachohan. Él utiliza un cuerpo sirio; tiene el cabello oscuro, los ojos azules y la barba oscura. En Su encarnación anterior fue Apolonio de Tyana. Su trabajo se ocupa principalmente del campo de la religión. Es un lingüista; habla árabe, copto, griego, turco, francés e inglés. Vive cerca de Jebel Druze (Líbano).

EL MAESTRO SERAPÍS

El Maestro Serapis es un Maestro de Cuarto Rayo y se ocupa principalmente del campo del arte, la música, la pintura y el drama. Trabaja a través del sonido, la belleza y el color.

EL MAESTRO RAKOCZI

El Maestro Rakoczi es el más popular de todos los Maestros debido a Sus actividades cercanas a las naciones. Es un Maestro de Séptimo Rayo y cubre el campo del Orden y la Magia Ceremonial. Es el regente para Europa y América y es un gran lingüista. Es delgado, tiene el cabello y barba oscuros, ojos marrones. Es conocido por Su aguda barba. Sus principales actividades se desarrollan en el campo de la política, los asuntos internacionales y el arte de gobernar, los gobiernos y las naciones[53]. Es húngaro de nacimiento y vive entre las montañas Vajda Hunyad, en Transilvania. Ha aparecido en Sus vidas anteriores como el famoso:

- Conde de San Germain en el siglo XVIII.
- Roger y Francis Bacon en el siglo XIII y el siglo XVII.
- El monje Robertus en el siglo XVI.
- Hunyadi Janos en el siglo XV.
- Christian Rosencreuz en el siglo XIV[54].

En su encarnación actual nació en la casa real de los Rakoczis. Es el último superviviente. Trabaja con los devas violeta (ángeles) de Magia Ceremonial. Sus servicios planetarios alcanzan la cúspide el día de San Miguel en septiembre. Esta es una rara oportunidad para aquellos que quieren sintonizar con Él y recibir Sus bendiciones anuales. Trabaja en silencio, sin ser notado por el público y viaja constantemente. En ocasiones se hace visible en los parlamentos y asambleas nacionales, y participa en los debates, presenta ideas y hace sugerencias de gran valor. En el presente, Él es el Señor de la Civilización.

---

53. N. del T.: Información transcrita directamente de los Manuscritos de Torkom Saraydarian. No hemos podido corroborarla.
54. N. del T.: Información transcrita directamente de los Manuscritos de Torkom Saraydarian. No hemos podido corroborarla.

EL MAESTRO «P»

Muy poco se permite saber sobre este Maestro. Él es un Adepto de Cuarto Rayo y trabaja para el Mahachohan. Reside en Norteamérica y recibe instrucciones del Maestro Rakoczi. Sus actividades se centran en el campo de las ciencias mentales, los nuevos movimientos del Pensamiento, etc. Ocupa un cuerpo irlandés.

LA JERARQUÍA – PARTE II

9

EL PLAN DE LA JERARQUÍA

La Jerarquía está compuesta por aquellos seres humanos que fueron exitosos en manejar sus naturalezas física, emocional y mental y en expandir su conciencia. Los miembros de la Jerarquía se hallan en distintos niveles y tienen distintas tareas y responsabilidades.

La estrella conductora que guía a una persona hacia la Jerarquía es la respuesta que siente en su corazón hacia la Voluntad de Dios, hacia el Propósito de Dios. Es cierto que uno no puede definir y explicar la Voluntad Divina hasta que es un Maestro, pero esa Voluntad, como un imán, toca los corazones preparados y los atrae hacia el sendero de perfección.

Cuando una persona responde más claramente y sin reservas a la Voluntad de Dios, impone cambios en su vida y causa transformación en su naturaleza. Eventualmente, su contacto con la Voluntad Divina se incrementa en tal grado que entra en un proceso de transfiguración total.

A veces la Voluntad Divina es el Llamado que una persona escucha o siente. Este Llamado lleva gradualmente a la persona, paso a paso, hacia el portal de la Jerarquía.

Se nos dice que los miembros de la Jerarquía tienen una tarea suprema: penetrar más profundamente en la Voluntad y el Propósito de Dios y formular un Plan para que la humanidad lo siga. Todas las religiones e instrucciones dadas por todos los salvadores y todos los líderes espirituales del mundo no son otra cosa que los esfuerzos por traducir la Voluntad Divina en un Plan, que pueda ser usado para guiar a las naciones y a la humanidad hacia una esfera superior de conciencia en la que entiendan más claramente la Voluntad de Dios y vivan en consonancia.

El Plan de la Jerarquía está formulado de tal forma que:

a. Trae salud y felicidad a la humanidad.
b. Inspira a la humanidad hacia la perfección.
c. Inspira a la humanidad a escribir y crear.
d. Sintetiza a todas las naciones.
e. Capacita a los individuos, grupos y eventualmente a toda la humanidad, a vivir en una dimensión superior, en contacto consciente con los Mundos Superiores.

Estas son cinco piedras angulares del Plan. Si la humanidad comprende y vive en consonancia, no será necesario tener ningún tipo de guerra, contaminación, crímenes y terrorismo, dolor y sufrimiento, enfermedad o muerte.

La Jerarquía es el cuerpo de un Alma, y cada miembro de la Jerarquía está enraizado en Su esencia en esa

Alma. Cualquier Maestro que venga de la Jerarquía, viene de la misma Alma. Los Maestros se diferencian en Sus formas y Sus mensajes para satisfacer la necesidad del momento, pero la esencia de Su Enseñanza es la misma: es luz pura, que guía a la humanidad a la Casa del Padre, a Shamballa.

En esencia, a través de todos los Mensajeros, es el Padre quien habla. Aquellos que tienen oídos escuchan sólo la voz del Padre y filtran las fabricaciones generadas a lo largo de las eras.

Solamente a través del amor por la Jerarquía podemos construir un puente de comunicación con los Grandes Seres. El fuego en el corazón de la Jerarquía es un punto de contacto directo con el corazón del universo. Este fuego es el horno a través del cual el hombre entra en su propio legado Divino.

¿Cómo incrementar nuestro amor por la Jerarquía y de este modo construir el puente de comunicación?

Desarrollando un amor a la Belleza, Bondad, Rectitud, Alegría y Libertad.

Contemplando la Vida Una en todas las formas de vida y practicando el respeto, la gratitud y el amor por la Vida Una en todas las formas de vida.

Comprendiendo la labor de la Jerarquía.

Viendo en cada miembro de la Jerarquía la visión de nuestro desarrollo futuro.

Dándonos cuenta de la ayuda dada por la Jerarquía a lo largo de millones de años en cada departamento del quehacer humano.

Dándonos cuenta que la Jerarquía es el eslabón entre la humanidad y sus logros futuros en el sendero Cósmico.

Dándonos cuenta de la magnitud del sacrifico de cada miembro de la Jerarquía.

Dándonos cuenta que la Jerarquía representa a toda la humanidad y a cada miembro de la humanidad, sin discriminación alguna.

Dándonos cuenta hasta qué grado la Jerarquía escuda a la humanidad de los ataques de fuerzas caóticas y de su propia locura, para permitir que desarrolle sus potenciales Divinos.

Dándonos cuenta de cómo la Jerarquía acoge a todo el que tenga un corazón amoroso.

El amor no es un sentimiento o emoción, sino el espíritu del servicio abnegado activo para unificar a la humanidad, para sanar, liberar, transformar y crear. El amor hacia los miembros de la Jerarquía se expresa como un servicio dedicado hacia el Plan de la Jerarquía.

Solamente desarrollando amor hacia la Jerarquía podemos crear el puente de comunicación con Ellos. A través de dicho puente nos alcanzarán la belleza, la alegría y la libertad y nos guiará la sabiduría de la Jerarquía.

Diariamente debemos tomar un tiempo para elevar nuestros corazones hacia la Jerarquía e incrementar nuestro amor hacia los Grandes Seres. Cualquier acción realizada en contra del amor en cualquier nivel con cualquier forma de vida debilita el vínculo y obstaculiza la comunicación.

A veces pensamos que podemos amar a la Jerarquía sin expresar auténtico amor hacia nuestros familiares, amigos y otros seres humanos. Cristo llamó a esto hipocresía. Nadie puede amar a la Jerarquía sin amar a todo lo que existe. Las disputas familiares, el odio y la envidia crean en gran medida fisuras entre la Jerarquía y tú. La primera división ocurre entre tu Guardián y tú, luego entre la Jerarquía y tú, y luego se extienden las fisuras a lo largo de tu cadena de relaciones.

En las Enseñanzas avanzadas se nos dice que cualquier fisura en nuestra vida crea desgarros en nuestra aura y en la red de comunicación entre nosotros y el universo. El Amor es la sustancia a través de la que se construyen todos los puentes entre las vidas individualizadas y su Fuente. Por esto se nos dice que el amor unifica.

La razón y la lógica no pueden unificar a las personas. Cualquier problema entre las personas se debe ser abordado primero por medio del amor. Es en la luz del amor que la razón y la lógica pueden funcionar sobre sus correctos ejes. Muchos problemas quedan sin solución, no por falta de conocimiento, razón y lógica, sino por falta de amor.

Hay miles de ejemplos en nuestras vidas donde un momento de amor soluciona nuestros problemas, cuando un centenar de noches llenas de preocupación y ansiedad no pudieron ayudar. De este modo el amor construye puentes y expande nuestra conciencia y existencia. De hecho, expande nuestra existencia en varias dimensiones.

La comunicación con los Mundos Superiores se establecerá solamente a través del amor. La Jerarquía sólo puede alcanzarse a través de un amor ardiente por la belleza que expresa la Jerarquía.

El amor es el flujo de la esencia entre dos centros que están relacionados entre sí magnéticamente. El amor empieza con un punto y se convierte en una línea. Esta línea gira y da vueltas alrededor del punto y crea una esfera. El amor se expande como una esfera y eventualmente hace del corazón humano el Corazón del Cosmos.

Las personas esperan que la Jerarquía imponga Su voluntad sobre la humanidad. Esta imposición creará muchos fallos en muchos niveles. La imposición no es necesaria cuando el puente de amor se establece. A través de este puente, uno ve la imagen de los logros futuros. Uno ve los obstáculos en su vida y siente el impulso de seguir el Plan de la Jerarquía. Cuando el amor crece, la voluntad de servir y ser una parte del Plan se incrementa.

La Comunicación con la Jerarquía gradualmente hace que uno silencie las demandas personales. El contacto más profundo con la Jerarquía hace a una persona una fuente mayor de amor, paciencia, solemnidad y nobleza. En un contacto más profundo con la Jerarquía, el ego y el interés propio se disuelven. Antes de que estas señales aparezcan en la vida diaria de una persona, no se le permite que tenga un contacto directo y consciente con los miembros de la Jerarquía.

Se nos dice que los miembros de la Jerarquía siempre están dispuestos a aconsejar y extender Sus manos hacia la humanidad. Se nos dice que Su contacto con los seres humanos se da en distintas etapas:

- (contacto) inconsciente.
- (contacto) consciente.
- participación consciente en la misión directa de la labor.
- actuando como miembro de la Jerarquía.

Primero, sentimos Su dirección. Segundo, tenemos un contacto con Ellos. Tercero, nos comunicamos con Ellos. Cuarto, trabajamos con Ellos. Quinto, comulgamos con Ellos. La quinta etapa es participación en la alegría, el gozo y la visión que Ellos reciben de Fuentes aún más Elevadas.

Todas estas fases se construyen por la intensificación del amor. El amor por la Jerarquía lleva a la persona al corazón de la Jerarquía y le convierte en un puesto de avanzada de la Luz de la Jerarquía y un ejecutor de la Ley de la Jerarquía.

La Ley de la Jerarquía se refiere a la forma en que opera la Jerarquía. Sus miembros varían de acuerdo con Su nivel de consciencia, Su labor lograda y el grado de Su relación con los Centros Superiores.

El Jerarca es el supervisor y el representante del Plan específico a ser llevado a cabo en la Jerarquía. Todos los miembros de la Jerarquía reciben Su inspiración y coraje del Jerarca.

El eslabón superior a ti en la cadena de la Jerarquía es tu líder. El vínculo superior es tu visión. El eslabón inferior es tu responsabilidad y el objeto de tu amor indivisible.

El comportamiento jerárquico tiene sus propias ceremonias, en las que la Jerarquía encabeza todos los movimientos. Él no es solamente el fundamento, sino también la punta de lanza de todos los esfuerzos. A través de Él, se reciben las energías de las Fuentes Superiores y se distribuyen en la Jerarquía. También es Él quien enfrenta los ataques de las fuerzas oscuras y sus presiones.

Cada miembro de la Jerarquía tiene tres tareas principales:

1. Inspirar o entrenar a determinados miembros de la humanidad para que se esfuercen hacia la esfera de la Jerarquía.
2. Servir en la Jerarquía en el departamento donde Él encaje.
3. Esforzarse hacia niveles superiores, o preparase para el sendero de evolución superior.

De este modo, cada miembro intenta no solamente servir, sino también aprender de Su Instructor-Maestro las lecciones para logros superiores.

El principio de la Jerarquía es el trabajo incesante y el sacrificio, que están inspirados por el Propósito Divino. La Voluntad de Shamballa es el principio rector en la Jerarquía. Este principio se expresa como el espíritu ardiente de la Jerarquía.

En la Jerarquía, la Ley de Unidad es una forma actualizada de vivir y trabajar. Todo se hace en armonía con todo.

Se nos dice que la externalización de la Jerarquía tiene tres fases:

1. La preparación de individuos y naciones para recibir el espíritu de Cristo y manifestarlo a través de las rectas relaciones humanas y la buena voluntad.
2. La aparición de un creciente número de discípulos hombres y mujeres que demostrarán en sus vidas y enseñanza, un intelecto avanzado, una intuición pura, una irresistible Voluntad Divina y una vida de dedicación y belleza.
3. La aparición de ciertos miembros de la Jerarquía para preparar el sendero de la reaparición de Cristo.

Los discípulos en el mundo en este momento tienen tres labores principales:

1. Demostrar la belleza de la vida espiritual.
2. Educar al público sobre las leyes y principios de la vida espiritual, en todos los campos del quehacer humano.
3. Preparar los corazones y mentes de las personas para la reaparición de Cristo, quien prometió con Sus propias palabras volver al mundo de los hombres.

Como con todas las materias de la vida, el asunto de la reaparición de Cristo se convirtió en un tema de explotación, engaño y declaraciones; y aquí y allá los servidores de la oscuridad proclamaron: «Él está aquí; Él está allí». O se presentan como agentes o mensajeros del Cristo. Algunos incluso osaron proclamarse el Cristo. Para todos estos servidores de la oscuridad, Cristo habló hace dos mil años y dijo:

> Entonces, si alguien te dice: «Mira, aquí está el Mesías», o «Allí está él», no le creas. Los impostores vendrán reclamando ser mesías o profetas, y ellos producirán grandes señales y maravillas para engañar incluso a los elegidos de Dios, si tal cosa fuera posible. Mira, yo te he advertido. Si ellos te dicen: «Él está ahí en el desierto», no vayas; o si dicen: «Él está ahí en la habitación interior», no les creas. Como un relámpago del este, que destella hasta el oeste, será la venida del Hijo del Hombre...
>
> Pero nadie sabe el día y la hora, ni incluso los ángeles en el cielo, ni incluso el Hijo, solamente el Padre.
>
> *Mateo* XXIV, 23-27, 36

La Jerarquía es el cuerpo augusto de los discípulos de Cristo, que permanece como un muro guardián entre los poderes satánicos del caos y la humanidad. A través de Su protección y luz los individuos encuentran su sendero hacia el Reino del Cielo a través de un servicio dedicado y sacrificado para la humanidad.

La exteriorización de la Jerarquía es principalmente la exteriorización de virtudes, cualidades espirituales y el poder de la Gloria Interior. La exteriorización de la Jerarquía es la exteriorización, actualización y adaptación extendida de todas aquellas leyes y principios que enseñó Cristo.

De hecho, las leyes y principios que Él enfatizó están penetrando lentamente en el alma de la humanidad y trabajando a través de políticos mundiales, educadores, filósofos, artistas, científicos, religiosos y financieros. Los grandes discípulos han nacido y están naciendo en todos estos campos, para llevar a cabo y expresar aquellos principios que eventualmente llevarán a la humanidad a la unidad, la paz, la prosperidad, la salud y la felicidad.

Las personas creen que la externalización de la Jerarquía significa la expansión de las religiones y la aparición de figuras religiosas. En realidad, la externalización de la Jerarquía es un proceso que se desarrolla en todo campo del quehacer humano.

Las personas ven a Cristo como el fundador de una religión. Este es un concepto muy limitado. Él era un gran médico, científico, gigante político, artista, orador, héroe; un hombre de los más elevados logros espirituales. Todos los campos de progreso humano están próximos a Su corazón, y en todos los campos Él tiene Sus discípulos, que desarrollan la gran tarea de hacer avanzar la ciencia, la educación, la religión, la economía, las artes, la filosofía, y así sucesivamente.

De este modo, Cristo no es el jefe de una religión. Él ni siquiera es el jefe de todas las religiones, sino que Él es el Jefe Ejecutivo de los talleres planetarios, y en cada uno de estos talleres Él tiene Sus representantes.

¿Cómo se diferencian Sus representantes? La respuesta es sencilla. No son aquellos que dicen: «Señor, Señor», o aquellos que usan Su nombre diariamente miles de veces para satisfacer su miseria. Sus representantes son aquellos que en cada departamento expresan su mayor honestidad, dedicación más elevada, auto-renuncia y heroísmo. Son aquellos que persiguen un mayor conocimiento; que buscan rectas relaciones humanas, buena voluntad, paz, unidad, armonía y justicia entre todas las naciones.

Ellos son aquellos que tienen visión, que piensan en los niños del futuro, en la salud del planeta, en los mundos distantes. Sus oraciones son el trabajo dedicado y la honestidad. Ellos puede que sepan sobre Él, o puede que ni siquiera Le recuerden. Esto no le importa a Él, siempre y cuando estén haciendo la Voluntad del Padre, a través de cada paso de su labor. La expansión de conciencia, la educación y la creatividad son sus ceremonias diarias. Sus representantes son aquellos que veneran la exactitud y la disciplina. Ellos no crean fantasía, sino que caminan por el sendero de los hechos y la realidad.

10

DOCE SIGNOS FUNDAMENTALES

Hay doce signos fundamentales a través de los cuales puedes reconocer a los servidores de la Jerarquía.

El primer signo es la *nobleza.* Un servidor de la Jerarquía es noble en sus pensamientos, palabras y acciones; él es noble en todas sus relaciones. La nobleza se adquiere cuando uno vive de acuerdo con las normas y principios de la Jerarquía; cuando uno vive en la presencia del «Ojo Vigilante».

Una persona noble es solemne, serena, autocontrolada, precisa, sabia y tremendamente educada. Cuando te encuentras con una persona noble, sabes que él está aquí en la Tierra para traer belleza, bondad, verdad, alegría y libertad.

La segunda señal de un servidor de la Jerarquía –que puede vivir entre nosotros, que puede ser un miembro de nuestra familia, iglesia o empresa– es *esforzarse hacia la perfección.* Él demuestra labor persistente para perfeccionar su personalidad, su creatividad, sus relaciones, su conocimiento. Él intenta continuamente hacer avanzar su estado de conciencia. Ningún servidor de la Jerarquía es perezoso. Son todo ritmo. Son como corrientes: están activos rítmicamente.

El tercer signo de un servidor de la Jerarquía es su *punto de vista* progresista. Él piensa para el futuro; planea para el futuro, sin ignorar las condiciones pasadas y presentes. Es la visión futura la que le inspira para planificar, para decidir y para organizar. Él no está atorado en puntos de vista pasados. Él no ignora valores pasados, sino que siempre busca nuevas formas y medios para traer mayor luz y amor y mejores relaciones en todos los departamentos del quehacer humano.

Él vive con un pensamiento de nueva era. Él no repite hábitos, conductas y actitudes pasadas. Siempre está intentando crear algo nuevo que se ajuste de mejor manera a su visión del futuro.

Él puede hallarse en cualquier campo, y en ese campo permanece como la llamada del futuro. Ejerce una presión moral en su entorno. No fuerza a las personas, sino que su presencia las hace trabajar e intentar avanzar hacia el futuro.

La cuarta señal de un servidor de la Jerarquía es su *inclusividad*. Él no es separatista. No nos referimos solamente a discriminación racial. Una persona inclusiva no solamente respeta la existencia de otras personas, sino que también está abierta a nuevas ideas, nuevas visiones, nuevo conocimiento y nuevas formas de hacer las cosas, que estén más de acuerdo con los objetivos.

Él no está cristalizado en sus creencias y tradiciones. Se aproxima con todo el respeto a todas las tradiciones y todas las opiniones, así como al trabajo, cultura y tradiciones de otras personas, y ve belleza, significado, futuro y utilidad en ellos. La Jerarquía apoya todo, cada sendero de investigación, toda experiencia genuina. Para un servidor de la Jerarquía, cualquier conocimiento en cualquier campo es valioso.

La Jerarquía apoya la inclusividad. Como una mamá gallina, un servidor de la Jerarquía recoge los polluelos bajo sus alas. Cada nación tiene su hermosa cultura. Un servidor de la Jerarquía respeta todas las culturas. No sólo las respeta, sino que intenta comprenderlas, amarlas y disfrutarlas.

La inclusividad es el esfuerzo progresivo por traer unidad y síntesis.

El quinto signo de un servidor de la Jerarquía es la *creatividad* –creatividad en todo, en ideas, en pensamientos, en el habla, en las maneras, en las artes, en los negocios, en casa. En todas estas áreas y en otras, un servidor de la Jerarquía manifiesta creatividad.

La creatividad se refiere a construir aquellas maneras y medios que puedan satisfacer las crecientes necesidades de la humanidad; que puedan satisfacer la creciente conciencia de la humanidad; que puedan satisfacer el sentido de belleza de la humanidad en expansión. Estas personas no están satisfechas con lo que son y lo que hacen. Ellas siguen adelante y buscan nuevas ideas, nuevas visiones, nuevas inspiraciones, nuevas impresiones y revelaciones. Intentan actualizar estas cosas en nuevas formas, nuevas actividades y nuevas relaciones, para satisfacer las necesidades crecientes de la humanidad y ofrecer una nueva visión a la conciencia de la humanidad en expansión.

La sexta señal de un servidor de la Jerarquía es la *honestidad*. Sin honestidad, uno no puede dirigir, inspirar, crear confianza o irradiar luz. Cualquier acción para explotar a los seres humanos con cualquier idea, propuesta o actitud, crea graves consecuencias y menoscaba la causa.

Nadie puede ser llamado un servidor de la Jerarquía si no se ha graduado con honestidad de la Escuela de la Vida. Un servidor de la Jerarquía es honesto en sus pensamientos, palabras y acciones. La honestidad indica que una persona es libre de las influencias de su yo inferior y de los yos inferiores de los demás. Tal persona es honesta, no porque los demás sean corruptos u honestos, sino porque es su naturaleza ser honesto.

La honestidad impone armonía y ritmo y lleva la influencia de la Jerarquía a aquellas áreas donde viven las personas honestas.

El séptimo signo de un servidor de la Jerarquía es la *libertad de prejuicio*. La mente de un servidor de la Jerarquía no está controlada por lo que las personas son, hacen o dicen. Él tiene su propia luz y en esa luz opera. Los pensamientos, las palabras, las acciones y el comportamiento de otras personas no oscurecen su luz. Él no les da poder que pueda condicionarlo al reaccionar de acuerdo con sus expectativas. Él manifiesta belleza, bondad, justicia, alegría y libertad sin estar condicionado por aquellos que intentan imponerle sus estándares y estados de ánimo.

En un sentido más profundo, ser libre de los prejuicios significa ser libre de actuar en la luz de la belleza, la bondad, la justicia, la alegría y la inclusividad. Una persona que es libre de los prejuicios no te hiere porque tú le hieras, sino que se preocupa más por ti cuando le haces daño. Ella intenta encontrar cualquier posibilidad para iluminarte, para expandir tu conciencia, y ayudarte a que te liberes de tus limitaciones. Esta es una parte de su servicio.

La octava señal de un servidor de la Jerarquía es *estar libre de la vanidad y el ego*. Estos dos vicios van juntos. Toda persona egoísta está llena de vanidad. De hecho, el ego está formado por imágenes de vanidad.

Un servidor de la Jerarquía está libre de vanidad. Él se conoce a sí mismo exactamente cómo es. Él conoce con exactitud qué es lo que tiene o lo que no tiene. Sabe perfectamente qué puede hacer y qué no puede hacer. El ego pone falsas medidas ante tus ojos y en tu mente. Un servidor de la Jerarquía es una persona clara, y dado que no tiene vanidad ni ego, ve exactamente lo que son los demás. Pero en lugar de juzgarlos y condenarlos, intenta iluminarlos con su ejemplo y belleza.

La vanidad y el ego sirven a su amo. Un servidor de la Jerarquía sirve a otros e intenta salvarles y elevarles. Intenta llevar sentido común a la gente. No puedes derrotar a un servidor de la Jerarquía por medio de tus errores y fracasos. No puedes derrotarlo por medio de tus obras de oscuridad. Él no puede ser vencido porque uno solamente puede ser derrotado cuando tiene vanidad y ego.

La novena señal de un servidor de la Jerarquía es la *rectitud*. La rectitud es la sustancia por medio de la cual se construye un servidor de la Jerarquía. Las personas creen que la rectitud es una virtud aprendida en la vida terrenal, pero su auténtico origen descansa en los estándares impresos en el alma de uno mientras se encuentra en los Mundos Sutiles. La asimilación de los verdaderos valores en los Mundos Sutiles florece como rectitud en las encarnaciones terrenales.

No es fácil enseñarle a alguien cómo ser recto, pero cuando tiene la experiencia de los valores auténticos, él es naturalmente recto. Los servidores de la Jerarquía son rectos en todos sus pensamientos, sus expresiones y relaciones porque ellos conocen la Ley del Karma y saben acerca de los principios dominantes en los Mundos Sutiles.

Los Grandes Seres no se publicitan a Sí mismos. Por medio de Sus frutos Los reconoces. El Personal Jerárquico no piensan sobre Ellos mismos como cuerpos, formas o personalidades. Piensan sobre Ellos mismos como ideas, direcciones, corrientes de energía, virtudes o luces. Las personas Los llama por medio de muchos nombres, y cada uno de Ellos es llamado por muchos otros nombres. Pero Ellos no son nombres, fotografías o imágenes. Ellos son principios, fuentes de belleza y guía, y visiones para el futuro.

En Sus estados reales, son como sinfonías, flechas de energía, puentes entre los mundos, arcoíris entre las riberas. Limitarlos en formas humanas y hacerlos solamente imágenes de debilidad humana, o hacerlos tan abstractos que la imaginación humana no pueda concebirlos es trabajar contra la obra que Ellos están intentando hacer: crear un puente entre lo que el hombre es ahora y lo que puede ser en el futuro.

La décima señal de un servidor Jerárquico es *fidelidad a la causa humana.* Un servidor de la Jerarquía intenta reunir a la humanidad y protegerla de serpientes y coyotes. Él se preocupa de la supervivencia de la humanidad y su perfección futura. Él cuida del planeta para que el planeta esté sano y sea capaz de nutrir a sus hijos.

Él sufre con aquellos que sufren en manos de las personas poderosas. Intenta inspirar en ellos el espíritu de libertad y liberación. Para él, no hay causa más elevada que la causa de la humanidad, y puede subordinar todos sus intereses al interés global.

Estas personas ya no son raras. Puedes encontrar que su número va creciendo por todas partes.

La undécima señal de un servidor de la Jerarquía es el *sacrificio y el heroísmo.* En el trabajo más pequeño, el servidor de la Jerarquía demuestra un espíritu sacrificado y en el momento de crisis, el espíritu de heroísmo irradia fuera de él. Demuestra coraje, ausencia de temor y osadía. Sacrifica su tiempo, dinero, propiedades e incluso su vida si es necesario. Vive una vida peligrosa pero no es un necio; no es imprudente. Él es precavido y extremadamente observador. Él sabe que la vida es peligrosa, y también sabe que el sendero más corto y rápido es el camino más peligroso.

La duodécima señal de un servidor Jerárquico *es bondad o voluntad al bien.* Un servidor de la Jerarquía desea el bien para todos, incluso para aquellos que no viven una vida acorde a los estándares del servidor. Él piensa bien, habla bien y actúa para el bien, sin discriminación, porque sabe que, al tener completa buena voluntad, transmite la Voluntad de Quien rige el universo.

Todo discípulo auténtico es un servidor de la Jerarquía.

La Jerarquía es una fuente de bondad. Todo lo que la Jerarquía intenta hacer es enseñar a las personas a ser buenas, a expresar buena voluntad y a no violar nunca este principio con sus pensamientos, palabras o acciones.

Se nos dice que aquellos que logran Maestría son los que durante miles de años no cayeron en las trampas de la malicia, la calumnia y la traición. La existencia de estos vicios en cualquier ser humano revela inmediatamente que no es un trabajador de la Jerarquía, sin importar con qué ropajes o posición se presente.

La bondad es el fundamento de la vida del trabajador Jerárquico. Cuando encuentras tal persona, te sientes seguro, protegido y bendecido.

11

DOCE SEÑALES ADICIONALES

Hay también doce señales por medio de las cuales puedes reconocer inmediatamente a aquellos denominados trabajadores Jerárquicos que en realidad son lobos con piel de cordero:

Un trabajador de la Jerarquía no hace declaraciones. No dice que él es un Maestro o un gran Iniciado. Él deja que las personas averigüen exactamente qué es él. Cualquier declaración demuestra que todavía no ha sido admitido en los rangos más cercanos de la Jerarquía, o que es un comerciante de la vanidad y el interés propio.

Alguien que hace declaraciones intenta superponer su propia imagen sobre ti para darte la impresión de que él es un Gran Ser. Estas personas son muy pobres de corazón. «Por sus frutos los conocerás».

Un trabajador Jerárquico nunca habla sobre sus vidas pasadas, ni está interesado en las vidas pasadas de los otros. Al estar cerca de la Jerarquía, él sabe que lo importante es el futuro, no el pasado. El futuro es el que llama al alma para que avance hacia la perfección y la belleza.

A las personas avanzadas ni siquiera les gustar volver la vista atrás porque no quieren estimular memorias del pasado antes de que todos los recuerdos se vuelvan inofensivos. Los trabajadores jerárquicos no quieren ser influenciados por el pasado o por aquellos con quienes sostuvieron diferentes relaciones. Ellos quieren tomar nuevas elecciones, probar su intuición y seguir adelante hacia el éxito y la victoria.

Es posible que tu Instructor, o un Gran Ser, o tu Ángel Solar te revele una porción de tu vida pasada por alguna razón específica. Pero incluso en este caso, no tienes el derecho de hablar con otros sobre tus vidas pasadas.

Se nos dice que incluso a los grandes Chohanes no se les permite interesarse por las vidas pasadas de las personas, excepto cuando por razones ashrámicas, Ellos estudian, con permiso, determinadas vidas tuyas para ver si estás realmente preparado para manejar responsabilidades duras y si estás capacitado para acarrear un pesado voltaje de energía.

Los trabajadores Jerárquicos no hablan sobre sus relaciones internas con los Grandes Seres. Ellos no usan los nombres de los Grandes Seres para recaudar dinero, crear reputación o influir en las personas. Estos son pasos desagradables. Los trabajadores avanzados son trabajadores duros, y ellos no necesitan tomar ventaja de sus relaciones con las Fuerzas Superiores.

Un trabajador de la Jerarquía nunca habla sobre su rango en relación con los otros. Escuchas a muchas personas decir cosas como: «Soy el comandante de la gente del espacio… Soy el regente de los ángeles…

Acabo de tomar la Quinta Iniciación. Hice una visita al Santo Ashram…».

Todas estas afirmaciones crean barreras en el sendero de la humanidad y las personas inteligentes sienten una repulsión profunda. No olvides: «A través de sus frutos conocerás a las personas».

Un trabajador de la Jerarquía no revela ninguna cosa sobre tus vidas pasadas ni lee tu aura para presumir o ganar influencia o dinero. Es posible que un trabajador de la Jerarquía en alguna rara ocasión revele una parte de tu vida pasada debido a una instrucción específica, o para señalar un defecto en tu aura, como una advertencia. El trabajador de la Jerarquía está sobre todo interesado en la futura expansión de tu conciencia, más que en tu pasado.

Los discípulos del mundo deben ser muy precavidos para no escuchar a aquellos charlatanes que leen las auras de las personas y les cuentan sobre sus vidas pasadas sin tener la capacidad real o una razón para hacerlo. Hasta que uno no desarrolle una clarividencia superior y pase la Iniciación de la Transfiguración, sus lecturas son falsas, imprecisas, engañosas y mezcladas con millones de impresiones que flotan en el Espacio[55].

Un trabajador Jerárquico nunca impone su voluntad sobre los demás. Él nunca viola el libre albedrío de las personas. Él paga un pesado karma si lo hace. Tampoco da consejo directo y no espera obediencia.

---

55. Para más información, leer sobre clarividencia superior en el capítulo 21 de *The Psyche and Psychism*, y sobre vidas pasadas en el capítulo XIX de *Cosmos in Man*, ambas obras de Torkom Saraydarian.

Por ejemplo, un trabajador Jerárquico no te dice que te cases con determinada persona o te divorcies de alguien, o que tengas hijos o no los tengas. Él no usa sus poderes psíquicos para dirigir a las personas de la forma que él quiera. Por el contrario, el trabajador Jerárquico intenta hacer que las personas sean independientes y libres. Les ayuda a tomar decisiones y solucionar problemas, pero nunca decide por ellas ni soluciona sus problemas.

Un trabajador Jerárquico ayuda a las personas a iluminar sus mentes, expandir su conciencia y capacitarles a ver sus problemas desde distintos puntos de vista. Él sugiere libros, escuelas e instructores y las ayuda a mantenerse en pie por sí mismas.

No se permite que nadie interfiera en el karma de otra persona. Este es un asunto muy delicado. El trabajador Jerárquico siempre está preparado para ayudar, pero no impone su voluntad sobre los demás ni viola su libre albedrío o karma.

El trabajador Jerárquico nunca discrimina entre religiones. Él sabe que todas las religiones fueron dadas por la Jerarquía para satisfacer las distintas necesidades de distintos niveles de personas en momentos diferentes. Pero él honra la religión dentro de la que nació sin tener antagonismo hacia ninguna otra religión. Si él se encuentra con extraños que no pertenecen a su religión, debate sobre su religión con ellos e intenta revelarles las profundas capas de su religión, enriqueciendo y expandiendo de este modo la conciencia de éstos.

El trabajador jerárquico sabe que todas las religiones se dan a las naciones como senderos hacia la perfección. Ningún trabajador Jerárquico impone sus creencias sobre los otros. Para él, lo importante es ver cómo viven las personas y no qué creen.

Aquellos que trabajan dentro de los muros de dogmas, doctrinas y tradiciones cristalizadas estarán limitados dentro de los muros construidos por los logros de aquellos que los crearon. Nuestro pensamiento debe estar libre para alcanzar nuevas alturas. Nuestro horizonte debe ser ilimitado, para permitirnos expandir nuestra conciencia. Al imponer a otros los límites de nuestro pensamiento y nuestras creencias, o nuestras doctrinas, dogmas o tradiciones aceptadas, no solamente limitamos a las personas y creamos barreras sobre el sendero de su progreso, sino que también paralizamos nuestro propio progreso.

Un trabajador Jerárquico nunca explota a las personas ni abusa de ellas. Para él, toda persona es sagrada. No miente a las personas ni las soborna para ganar votos. Él es recto en sus relaciones y no quiere sobrecargar su karma usando a los demás para sus ganancias personales.

Tus hijos pueden ser servidores de la Jerarquía. Si los crías de la manera correcta, verás cuánta belleza introducirán en la vida.

Un trabajador Jerárquico nunca exhibe fenómenos psíquicos y si hace uso de sus poderes psíquicos en secreto para salvar a una persona, da el mérito a Dios. El trabajador Jerárquico nunca usa sus poderes psíquicos para influir en las personas, crear atracción o reconocimiento, o imponer su imagen sobre los demás. Los poderes que tiene son sagrados, y los utiliza solamente para beneficio de los demás, si lo permite el karma de éstos.

Si en casos excepcionales usa sus poderes, lo hace para glorificar la Fuente de todos los poderes. Su existencia entre las personas es una bendición. Su aura, su mirada y su toque sana a las personas y las ilumina y fortalece. Se sabe que la presencia de un trabajador Jerárquico puede evitar terremotos y catástrofes naturales. Los trabajadores Jerárquicos a menudo son enviados a determinados lugares para proteger a las personas de desastres naturales por medio de su presencia. Son enviados para restaurar la paz y el entendimiento, para traer salud y prosperidad; pero permanecen en el anonimato hasta que las personas desarrollan los ojos para ver su influencia.

El trabajador Jerárquico es ahorrativo. Él nunca malgasta su energía, ni dinero ni tiempo, etc., ni los de los otros, porque él sabe que el desperdicio genera karma y crea apego. Cuando uno malgasta dinero, energía, tiempo y materia, significa que todavía no aprendió el valor de lo que tiene. Y si no sabe el valor de lo que tiene, lo desperdicia o lo encierra con llave. En ambos casos, él trabaja contra la ley. La Ley de Economía significa usar todo lo que existe adecuadamente, para el propósito de perfección.

El despilfarro es un impuesto a la Naturaleza, e impone una carga a los demás. La Naturaleza está mal utilizada y sobreexplotada a causa del despilfarro. Cuando la Naturaleza es explotada con despilfarro, tenemos niebla tóxica, tenemos toxicidad, tenemos radioactividad. La economía es el balance entre la Naturaleza y la necesidad humana.

Un trabajador Jerárquico nunca se asocia con médiums y canalizadores. Él sabe que la fuente de la inspiración de ellos no son las esferas elevadas, sino dudosas entidades y fuerzas astrales. Él sabe que un contacto con ellas puede ser fatal porque éstas a menudo crean una línea permanente a través de la que le mantienen cautivo a las exigencias de las fuerzas destructivas[56].

El trabajador Jerárquico nunca intenta la necromancia. Él deja a los muertos libres para que continúan su camino hacia los Mundos Superiores. En lugar de pedir ayuda y dirección de ellos, intenta guiarlos hacia la luz a través de sus pensamientos elevados. Un trabajador de la Jerarquía sabe cómo contactar con el fallecido mentalmente y ayudar en su evolución. Incluso puede estar con ellos después de que él abandona su cuerpo a través del sueño. Pero nunca intenta traerlos a la Tierra y hacer que den marcha atrás en su dirección.

Las personas pueden preguntar: «Si los trabajadores de la Jerarquía son tan hermosos, ¿por qué no se ven más cambios en la vida en general?». La respuesta es sencilla. Primero, están ocurriendo enormes cambios, cambios hacia la unidad, la belleza, la síntesis y la paz. Segundo, a causa de la creciente presencia de los trabajadores Jerárquicos, muchos conflictos están saliendo a la superficie. La buena voluntad hace que las personas vean la mala voluntad existente. La libertad hace que las personas vean dónde está siendo violada la libertad. La unidad revela fisuras y el separatismo existente. La luz revela la oscuridad.

Por esta razón el mundo está entrando en la «hora de medianoche». Es solamente en la hora de medianoche que empezará el amanecer y esta será la victoria de

---

56. Ver el Capítulo XXI, «Spirits and Mediums», de *Cosmos in Man*, de Torkom Saraydarian.

todas las Fuerzas de la Luz y de todos los que trabajan en la luz y para la luz.

Todo discípulo es un heraldo de luz, una luz que brilla en la oscuridad, a través del sacrificio propio, de la calidez de su corazón, de la luz penetrante de su conciencia, y a través del poder y la belleza de la llama de su alma. Su misión es hacer brillar su luz. Su llama se mantendrá constante y fuerte, incluso si el viento, la lluvia y la nieve braman a su alrededor durante las noches oscuras y los días de tormenta. Es durante estos días que él demostrará su poder de fusión con la Llama Divina, la cual proporcionará continuamente la fortaleza para persistir contra los caóticos elementos de la Naturaleza.

Solamente aquellos que mantengan su llama encendida durante los días tormentosos podrán construir el mecanismo a través del cual les será posible lograr un avance hacia los Mundos Superiores. Un discípulo es una luz progresiva en la oscuridad de la noche y en la oscuridad del día[57].

57. Torkom Saraydarian, *Challenge For Discipleship*, págs. 497-508.

12

EL PLAN

«Lo que llamas el Plan es la respuesta de la Jerarquía a la aplicación consciente de la voluntad del Señor del Mundo».

Bailey, A.A., *Rayos e Iniciaciones*, pág. 130

«En la creatividad cósmica todo es construido sobre la sucesión. Las raíces de cada estructura se mantienen abiertas a la ley de la Jerarquía. Todo problema y todo plan se construyen de acuerdo al ajuste con los objetivos, y todos se afirman en el gran plan de la evolución. Así, todas Nuestras afirmaciones traen manifestaciones benevolentes. Sólo la atracción a la cadena de la Jerarquía puede revelar el sendero al Infinito.»

Sociedad de Agni Yoga, *Jerarquía*, afor. 164

«Nuestra mayor responsabilidad será familiarizar a los aspirantes del mundo –y al público en general– con el Plan Jerárquico para la Humanidad y su futuro desarrollo espiritual y mental.»

Maestro Djwal Khul

Cada átomo, cada célula, cada hoja diminuta, cada flor está construida sobre un patrón viviente, sobre un campo de vida y propósito en el cual tienen su existencia y su objetivo.

El planeta y el Sistema Solar también tienen un patrón, el cual es su campo electromagnético, y sirve como estructura energética, como el Plan y el Propósito del planeta o el Sistema Solar.

Este campo electromagnético, el campo de energía detrás del objeto, es también el patrón sobre el que se construye el objeto y por el cual su vida es sostenida. Pero este cuerpo energético no tiene un patrón establecido, como algunos de nosotros pensamos; por el contrario, se trata de un patrón evolutivo cuyo prototipo está en un nivel más sutil de existencia.

Este patrón evolutivo, este cuerpo de energía, es una parte, una pequeña porción, una pequeña célula del gran Patrón, ese gran Patrón de evolución que es el cuerpo energético del planeta y del Sistema Solar. Este gran Patrón controla subjetiva y magnéticamente toda la creación en nuestro planeta y en el Sistema Solar, condicionando sus expresiones de vida y sus orientaciones. H.P.B., en *La Doctrina Secreta*, pone esto hermosamente cuando ella dice:

> «Todo el orden de la Naturaleza demuestra una marcha progresiva hacia una vida superior. Existe designio en la acción de las fuerzas, al parecer ciegas. Todo el proceso de evolución, con sus adaptaciones interminables, es una prueba de ello. Las leyes inmutables que hacen desaparecer a las especies débiles para hacer lugar a las fuertes, y que aseguran la ‹supervivencia de los más aptos›, aunque resulten tan crueles en su acción inmediata,

> obran todas en dirección de la gran meta final. El hecho mismo de que tienen lugar adaptaciones; de que los más aptos son los que sobreviven en la lucha por la existencia, demuestra que lo llamado ‹naturaleza inconsciente› es, en realidad, un conjunto de fuerzas manipuladas por seres semi-inteligentes guiados por Elevados Espíritus Planetarios cuya agrupación colectiva forma el Verbo Manifestado del Logos Inmanifestado y constituye a la vez la Mente del Universo y su Ley inmutable.»[58]

La Humanidad, como otros reinos, tiene una parte en este gran patrón, y está jugando un gran papel en el cumplimiento de los objetivos evolutivos del Sistema Solar. La humanidad está sirviendo como una estación retransmisora entre los tres reinos inferiores y los reinos superiores.

Este gran Patrón no es estático, sino que está en constante evolución, porque la Gran Vida del Sistema Solar está evolucionando. Y debido a este progreso y esfuerzo, el patrón completo está sujeto a cambios. Los cuerpos energéticos de todas las formas vivientes están sujetos a cambios graduales. Así, el reino vegetal, con todas sus partes, y el reino animal, con las suyas, están sujetos a cambios para mejorar a un ritmo constante hacia la perfección.

La humanidad no es una excepción. La humanidad es uno de los eslabones de la cadena viviente, y por eso, el cuerpo de energía, el patrón de su cuerpo, está sujeto a cambios. Por ejemplo, su cuerpo etérico, que puede llamarse su cuerpo energético, el patrón del cuerpo objetivo, cambia de un patrón de cuadrados a triángulos y luego a círculos, como lo hace el cuerpo

---

58. Blavatsky, H.P., *La Doctrina Secreta*, Vol. I, pág. 299. Ed. Orig.

energético del planeta a medida que toda la vida del planeta evoluciona.

Ahora, este cambio puede ser introducido lenta e inconscientemente, por un proceso natural. Pero si un planeta no responde al grado de progreso del Sistema Solar, entonces la vida planetaria toma medidas para promover el progreso del planeta y para restaurar su desarrollo rítmico y armonioso dentro del Sistema Solar como un todo.

El cuerpo de la Vida Solar es el sol visible, a través del cual Él irradia vida a cada átomo del Sistema Solar.

Los planetas son Sus centros. Él tiene un gran Propósito para todos los planetas de Su Sistema. Ese Propósito es Su Voluntad, el «Futuro» que, como un gran imán, crea el patrón solar hacia el cual son atraídos todos los reinos en todos los niveles.

Se nos dice que esta Vida Solar, a la que a menudo se le llama Logos Solar, irradia Su Voluntad hacia cada planeta, y Su Voluntad es contactada, contemplada y transformada por los Contemplativos Superiores a los centros de la cabeza de los planetas, donde es convertida al propósito de cada planeta.

Nuestra Tierra, de acuerdo con la Sabiduría Antigua, es el vehículo físico de una Gran Vida que, hace millones de años, quería encarnar a través de un cuerpo planetario de este tipo, para promover su progreso en el Sendero cósmico y jugar Su papel en el Sistema Solar como centro en el cuerpo de la gran Vida Solar.

Nuestro centro de la cabeza planetaria se llama Shamballa, la «Isla Blanca» o la «Fortaleza», «el Centro donde la Voluntad de Dios es conocida». Se encuentra en el Desierto de Gobi en nivel etérico más elevado.

A lo largo de los siglos, este Propósito fue un tesoro sellado de energías, de luz, de sabiduría, de belleza, de conocimiento, pero también fue un imán que arrastraba el espíritu del hombre hacia sí mismo a través del sendero del autodominio y el esfuerzo.

Se nos dice que hace dieciocho millones de años, nuestro Logos Planetario hizo un gran sacrificio y tomó una forma humana en la más elevada sustancia etérica. Con la ayuda de otras seis grandes entidades o Vidas Planetarias formó la Jerarquía de este planeta para estudiar la Voluntad del Señor Solar y enfocarla como un Propósito y luego formular este Propósito en un PLAN para todos los Reinos de la Tierra. Tres de estos Grandes Seres están actuando como la mente trina de Sanat Kumara, y los otros tres son Vidas esotéricas, transmitiendo tres clases de energías.

Además de estas Siete Grandes Vidas, tenemos cuatro Vidas Mayores que son llamados los Señores del Karma; son mediadores planetarios entre Sanat Kumara y el Logos Solar.

Todos los Ángeles Solares son miembros del gran centro llamado Jerarquía y están informados sobre el PLAN. Así, cada Ángel Solar se erige como la representación del Plan Divino en el hombre, y como el guardián del karma individual de la persona. El Plan se les confía a Ellos porque «Su naturaleza es amor».

Eras y eras transcurrieron después de la fundación de la Jerarquía y la interpretación de la Voluntad de la Vida Solar, que llamamos Propósito, permaneció como un tesoro sellado. Pero eventualmente la Vida Planetaria decidió fundar grandes centros de instrucción para la raza humana, para conducir a la humanidad «de la oscuridad a la luz». Ellos fundaron primero el Templo de IBEZ en el centro de Sudamérica, e invitaron a Maestros de varios planetas para instruir a la humanidad sobre el Plan.

Se abrieron centros en diferentes países tales como Armenia, Egipto, Grecia, Caldea, Persia, Palestina e India. En estos centros se enseñaban religiones, artes y ciencias. Como resultado de estos centros, un gran número de aspirantes se hicieron discípulos, y fueron preparados para enseñar a la humanidad sobre el Plan a través de métodos prácticos y a través de los misterios. Así, el progreso de la humanidad se apresuró mucho. Gradualmente estos seres humanos avanzados, a través de grandes sacrificios y esfuerzos, lograron mayores expansiones de consciencia y se convirtieron en iniciados, maestros, reyes y sacerdotes. Penetraron en los misterios y finalmente fueron admitidos en las filas de los Maestros.

A medida que los Maestros de la raza humana aumentaban en número, algunos de los Maestros pertenecientes a otros planetas nos dejaron, poniendo mayor responsabilidad en relación con el progreso de la humanidad y de los otros reinos, sobre los hombros de nuestros Maestros terrenales.

Se nos dice que los grandes Maestros que forman la verdadera Jerarquía del planeta son más de sesenta y seis. Están dispersos por todas partes del mundo y se enfocan en varios planos; sin embargo, están en estrecha comunicación entre ellos en el plano Búdico. Enseñan a la humanidad sobre el Plan de la Jerarquía.

La Jerarquía es la sede central del Plan y de los Instructores que, era tras era, emergieron de ese Centro. Como los Salvadores de la humanidad, Ellos trataron de enseñar el Sendero que conduce al cumplimiento del Propósito Divino de este Planeta. Esencialmente, todos Ellos enseñan la misma cosa en las diferentes formas de religión, arte, educación y ciencia. De esa manera, intentan develarnos esa parte del Plan que es nuestro próximo paso en el Sendero de la evolución.

El Grupo de Maestros se llama la Jerarquía o la Comunidad, y está encabezado por un ser muy avanzado que es llamado por diferentes nombres: El Avatar Khalki, el Señor Maitreya, el Imán Mahdi, el Príncipe de la Paz, Krishna, el Cristo y el Bodhisattva. Se nos dice que cada siglo Él llama a todos los Maestros a un gran encuentro para ser impresionados[59] de nuevo como grupo por el Propósito del Señor Solar, y para penetrar un poco más en dicho Propósito, adaptando y modificando el Plan previo para la humanidad y para los otros reinos.

Por lo tanto, modifican y cambian el Plan era por era, de acuerdo con el progreso de la humanidad, las nuevas energías entrantes, el progreso Jerárquico y las nuevas demandas planetarias y solares.

Podemos decir que la Jerarquía es la oficina central de la educación planetaria, de la cual brotan enseñanzas que están adaptadas a la era, raza y clima particulares. Eventualmente esta enseñanza se modifica y se hace más universal con el fin de lograr más cambios en la consciencia humana que conduzcan a una mayor síntesis.

La formulación del Plan es como sigue: Se nos dice que los planos Búdico, Atmico, Monádico y Divino de nuestro Plano Físico Cósmico forman los vehículos más bajos de nuestro Logos Solar. El más ele-

59. N. del T.: El autor hace referencia al acto de recibir impresiones superiores a través del pensamiento.

vado de estos planos se llama el Primer Plano Etérico Cósmico, el Plano Divino, Adi, o el Mar de Fuego. Es en este plano donde se encuentran los arquetipos, que no son otra cosa que la formulación de Su Voluntad en el Plano Mental Cósmico, proyectada hasta el Primer Éter Cósmico.

Es por eso que en los libros ocultos este plano es llamado también el Plano Arquetípico. Es este plano el que constituye la materia primordial de nuestro Plano Físico Cósmico, y los arquetipos se reflejan en cada plano inferior hasta el plano físico más denso, dando forma a todas las formas que la Naturaleza demuestra en cuatro reinos y por encima. Hermes se estaba refiriendo a este hecho cuando dijo: «como es arriba, es abajo». Ésta es la base de la Ley de Correspondencias o Analogía, una de las claves del conocimiento superior. El Logos Solar tiene Su propio cerebro, y Su cerebro está formado de la sustancia del Adi o del Mar de Fuego –en lenguaje sencillo, de la sustancia del Primer Éter Cósmico.

El Logos Planetario, o Vida, también tiene Su cerebro, pero esta vez Su cerebro está construido del Plano Intuicional, o del Cuarto Plano Etérico Cósmico.

También se nos dice que hay algunas Grandes Vidas entre nuestro Logos Planetario y el Logos Solar, llamados Intermediarios Cósmicos Divinos, que contemplan la Voluntad de Dios y la impresionan sobre el primer plano del Etérico Cósmico, el Plano Arquetípico. Es desde aquí que el centro de la cabeza del planeta, llamado Shamballa, absorbe estos arquetipos, que son energías ardientes, y a través de los Nirmanakayas, o Contemplativos Divinos, los pasan a la Jerarquía. Es aquí donde los Ángeles Solares están informados sobre el Plan, porque son parte de la Jerarquía, o del quinto reino. Recordemos que el Plan es el arquetipo de fuego, la precipitación o las gotas de lo que llamamos ideas.

El Plan es el resultado de la meditación profunda de los Maestros y Sus Ashrams sobre las impresiones que les llegan a través de los Grandes Contemplativos, llamados Nirmanakayas. Después de que el Plan es formulado por la Jerarquía, se divide en siete secciones y es presentado al encargado de cada Ashram. Aquí comienza otro importante trabajo: cada Ashram comienza su propia programación. Fechas, ciclos, condiciones, son considerados. Posibles obstáculos y ayudas se tienen en cuenta. El personal, los lugares y las dosis se establecen para que el Plan avance con la menor resistencia y sin demasiado desperdicio de energía. Este programa está construido de tal manera que en cualquier momento se puede ajustar y modificar sin perder su esencia.

Después de la programación, el Plan es presentado a la humanidad. Se presenta primero a los miembros avanzados y luego a los grupos especiales y las naciones, y luego a las masas. Después de la presentación, los Maestros y discípulos observan y registran los resultados, la necesidad de ajuste, la necesidad de una nueva inspiración y la necesidad de restaurar el Plan en las mentes de aquellos que son los principales responsables de su expresión práctica. A medida que el Plan pasa de un grupo a otro y está en la etapa de materialización, se producen muchas distorsiones que pueden tener desastrosas consecuencias si la visión del Plan no se restaura con nueva inspiración en las mentes de los trabajadores, impresionándolos para que reajusten sus puntos de vista y formas de actividad.

De este modo, el Plan es presentado de acuerdo con la necesidad local y de acuerdo con el panorama global del progreso de la humanidad. Cada servidor tiene total libertad en sus técnicas y representaciones, sin imponer sus maneras e ideas a los otros servidores, pero manteniéndose en contacto con el Plan a través de su intuición.

Podemos decir también que una parte del Plan puede hacerse obsoleto a medida que el tiempo progresa. Esto puede ser una gran trampa para aquellos discípulos que no siguen el ritmo del desarrollo continuo del Plan a través de su intuición, y quedan atrapados y cristalizados por la representación intelectual pasada del Plan. Así es como se produce una lucha entre dos idealistas: uno sigue adelante con la evolución del Plan y el resto se ciñe a la parte del Plan que se necesitaba en el pasado, pero que no es necesaria en el presente ni en el futuro. Esto causa muchos ataques contra los servidores progresistas del Plan.

La distorsión del Plan ocurre también cuando los discípulos y los aspirantes traducen una parte de él a través de sus puntos de vista personales, ideas, reacciones, ilusiones, espejismos, y ambiciones, y no renuevan su visión a través de la meditación diaria y el servicio sacrificado.

Es muy importante que los discípulos que trabajan para el Plan vivan una vida de sacrificio, de amor, de alegría, con meditación ocultista diaria y contemplación.

Toda la creación es una unidad. Las partes de esa unidad tienen su propia porción especial del Plan, pero todos trabajan hacia el cumplimiento del gran Propósito de estar sintonizados con la Voluntad de la gran Vida desconocida.

El Maestro Tibetano, hablando sobre el Plan, dice:

> «Desde el punto de vista de la humanidad común, que piensa en términos de felicidad terrena, el Plan debería ser una cosa placentera, que haría la vida material más fácil. Para la Jerarquía espiritual, el Plan involucra esos arreglos o circunstancias que elevarán y expandirán la conciencia del género humano y, por lo tanto, permitirá a los hombres descubrir los valores espirituales por sí mismos y hacer los cambios necesarios por propio libre albedrío y así obtener el exigido mejoramiento del medio ambiente, de acuerdo al reconocimiento espiritual en desarrollo.»[60]

El Plan para la humanidad se divide en siete ramas del quehacer humano:

1. Política.
2. Educación.
3. Filosofía.
4. Arte.
5. Ciencia.
6. Religión.
7. Finanzas.

Vemos que todas estas avenidas de iluminación y expansión son espirituales, ya que están destinadas a conducir a la humanidad a la plenitud del Plan, y a la realización del Propósito.

---

60. Bailey, A.A., *La Exteriorización de la Jerarquía*, pág. 670.

Las religiones no son el único camino espiritual, sino que las otras seis ramas también pueden ser llamadas espirituales, ya que nos conducen a la maestría, a la síntesis, a la comprensión divina y a la mejora de la totalidad de la vida.

Se nos dice que cada una de estas siete ramas del quehacer humano está encabezada por un gran Maestro, con Sus colaboradores, iniciados y discípulos, para inspirar, guiar y enseñar a todos los que son particularmente atraídos por su departamento de actividad.

Los Maestros tienen varias maneras de enseñar. Ellos enseñan en Ashrams. Un Ashram es una clase desarrollada por el Maestro en los planos intuicional o mental superior. Los Maestros enseñan telepáticamente a individuos y grupos en varios planos. Ellos instruyen a través de la inspiración y a través de los misterios y símbolos.

Los intuitivos avanzados y los individuos sensibles se sintonizan gradualmente con la esfera de la enseñanza, y el Plan va penetrando lentamente en sus mentes.

El Plan en su totalidad no es una imagen sobre el papel, es una sustancia viva, ardiente, una posibilidad para un ciclo dado hacia el cual el hombre puede esforzarse y puede alcanzar. Incluso se nos dice que «el Plan es la sustancia dinámica». Es como la energía sutil que moviliza a los hombres hacia el Propósito. Es esta sustancia o energía en cualquier tipo de enseñanza o expresión, en cualquier tipo de actividad humana, que da el impulso magnético hacia la evolución, hacia el mejoramiento de las condiciones y hacia la espiritualización del planeta.

Es esta energía o sustancia dinámica la que, más adelante, es formulada en grandes ideas en la política, en la educación, en la filosofía, en las artes, las ciencias, las religiones y las finanzas. Estas ideas hacen que las personas sean conscientes de la posibilidad de mejorar sus condiciones, y luego se esfuercen por ver más allá de las ideas y comiencen a ser impresionados por la posibilidad en desenvolvimiento y desarrollo que es el Plan.

El propósito de todo el proceso de meditación es permitir al hombre penetrar en el mundo de estas grandes posibilidades, ser impresionado por el Plan, y traerlo al nivel humano, ayudando a la evolución y fomentando la liberación de la humanidad.

Pero no basta con conocer el Plan. Lo más importante es estar cargado con la energía del Plan a través de la meditación y la contemplación.

Una vez que un hombre toca el campo eléctrico del Plan, se hace radioactivo e inspirado con un gran empuje para trabajar y servir a pesar de las condiciones. Se convierte en una zarza ardiente, y en una fuente de energía, visión y entusiasmo espiritual, y así trabaja como un gran servidor e inspirador, y una fuente de energía.

Sabemos que lo más poderoso de la tierra es el poder de una *idea*. Ninguna fuerza puede oponerse a una idea que nace del Plan Jerárquico. Es el poder impulsor de la evolución para todos los reinos y para la humanidad. Es la esencia de la evolución consciente. Todas las miserias humanas son el resultado de no entender y de no cumplir con los requerimientos del Plan.

La meditación es, en cierto modo, el único camino para aliviar las miserias de la humanidad ya que nos hace ver el Plan, primero dentro de nuestra Alma y luego a través de los ojos de nuestro Maestro. De esta manera, nos cargamos con el Plan y vemos el orden que existe en el universo, en cada célula, en el progreso de la humanidad como un todo. Nos hacemos aptos para penetrar en el dominio de esa energía que llamamos la Voluntad Divina. Es esta Voluntad que se expresa como Propósito, como Plan, como idea y, cambiando en el hombre, se convierte en deseo, aspiración, dedicación, intención, servicio y en el Sendero mismo.

La meditación nos permite percibir, ser impresionados, ser cargados no sólo por el Plan, sino que también nos hace reconocer claramente nuestra parte individual en él, la cual debe ser trabajada con dedicación ígnea y desapego espiritual.

Una vez que conocemos nuestra parte en el Plan y tenemos el valor de dedicarle nuestra vida al cumplimiento de nuestra tarea, entonces la energía y la sustancia del Plan fluirán hacia nuestros vehículos y crearán alegría, sabiduría, justa medida y más fuego para una dedicación unidireccional. Una vida así estará cargada también de un profundo sentido de responsabilidad, de sacrificio y de verdadera amistad, amor y hermandad.

El verdadero amor y la amistad sólo pueden florecer dentro de los corazones de aquellos que perciben y ven el Plan, y que dedican sus vidas al cumplimiento del Plan, sin quedar atrapados en la red de gustos y disgustos de su personalidad.

En tal vida de dedicación, comparten el peso kármico unos con otros, los ataques de la obscuridad, y se animan entre sí en el fuego de la visión del Plan, para superar todos los antojos del pequeño yo, y para avanzar de la mano en el sendero del servicio sagrado.

Se nos dice que el amor, a su vez, ayuda a revelar más el Plan. El Plan es confiado sólo a aquellos discípulos que son probados en su lealtad al amor, a la amistad, y que se encuentra que son inquebrantables en su amor.

El Plan no se revela en Su totalidad; sólo una parte de Él es liberado como guía para los Maestros, para los discípulos y para la humanidad. Por lo tanto, una gran parte del Plan permanece sin revelar, y con el paso de los siglos, se despliega lentamente y se revela a sí mismo en proporción a la necesidad, la condición, el ciclo y el logro de la vida total en el planeta. Por lo tanto, una gran parte de Él permanece secreto, esotérico, y está estrictamente protegido del conocimiento de la Logia Negra, para que no lo distorsionen ni engañen a la humanidad.

¡Cuánto cambiaría nuestra vida planetaria si, en todos los campos del quehacer humano, planificáramos de acuerdo con el Plan Divino y actuáramos en consecuencia! De esta manera, vidas, energía, dinero y tiempo serían ahorrados, y el sufrimiento de la humanidad sería aliviado tremendamente.

El Plan puede ser percibido a lo largo de la historia de los continentes, civilizaciones y culturas. Puede leerse en parte en el curso del Sendero evolutivo. Pero para dar un bosquejo del Plan podemos decir que el Plan para el ciclo inmediato es condensado en la siguiente Invocación Mundial:

«Desde el punto de Luz en la Mente de Dios,
Que afluya Luz a las mentes de los hombres,
Que la Luz descienda a la Tierra.
Desde el punto de Amor en el Corazón de Dios,
Que afluya Amor a los corazones de los hombres,
Que Cristo retorne a la Tierra.
Desde el centro donde la Voluntad de Dios es conocida,
Que el Propósito guíe las pequeñas voluntades de los hombres,
El Propósito que los Maestros conocen y sirven.
Desde el centro de lo que llamamos la raza de los hombres,
Que se realice el Plan de Amor y de Luz,
Y selle la puerta donde se halla el mal.
Que la Luz, el Amor y el Poder restablezcan el Plan en la Tierra»[61].

Sus objetivos son:

Incrementar la Luz, en todas sus formas, en todos los niveles.

Incrementar el Amor Divino en los corazones de los hombres.

Liberar la Divina Voluntad en el hombre y hacer que éste viva según la Divina Voluntad, en estable transmutación, transformación y transfiguración.

Sellar la puerta del mal, que actúa en contra del Plan y para elevar la «tierra al cielo», en todos sus dominios.

---

61. Véase *La Ciencia de Ser Uno Mismo*, pág. 285, de Torkom Saraydarian.

El Maestro Tibetano sugirió algunos de los objetivos inmediatos del Plan, que pueden resumirse parcialmente en los siguientes puntos:

1. Revelar la síntesis subjetiva en la humanidad.
2. Establecer una gran estación de luz que ilumine todo el reino del pensamiento humano.
3. Restaurar los Misterios de la Iniciación.
4. Facilitar la entrada de nuevos tipos de energía, que se usarán para la curación, para la limpieza, para la armonización y para la liberación de valores y virtudes espirituales.
5. Poner fin al espíritu de separatividad de todas las eras en nuestras actitudes religiosas y nacionales.
6. Fomentar el desarrollo del sistema de intercomunicación e interrelación mediante el desarrollo de la Ciencia de la Telepatía, la Ciencia de la Impresión y varios otros medios externos.
7. Lograr una cooperación más estrecha, directa y consciente y una comunicación entre los Guías y los servidores de la raza.
8. Capacitar a los servidores para que respondan al Plan cultivando en ellos la Continuidad de Consciencia.
9. Facilitar la solución de los tres problemas principales de la época: el problema de las ideas y su materialización, el problema de Dios y el problema de la inmortalidad.
10. Derribar los espejismos del mundo, las ilusiones y el «Morador del Umbral» racial.
11. Desplegar la intuición.
12. Construir el Antahkarana racial.

13. Externalizar al grupo de aspirantes y discípulos ya reunidos alrededor de los Maestros en los planos internos.
14. Llevar a cabo la materialización de la Jerarquía sobre el plano físico.
15. Preparar el camino para la reaparición de Cristo.
16. Enseñar a los hombres a trabajar en el plano mental como mentes en contacto con el Plano de la Intuición.
17. Limpiar el aire, el agua y el suelo contaminados de toda la tierra.
18. Minimizar el ruido de toda la maquinaria.
19. Proporcionar suficiente alimento, vivienda adecuada y vestimenta para todos, en todas partes.
20. Programar tres días de trabajo, un día entero de descanso, y tres días de alegría y esfuerzo espiritual.
21. Proporcionar las condiciones para la liberación total de la mujer en todo el mundo, al mismo tiempo que se profundiza su sentido de maternidad y sus responsabilidades.
22. Utilizar el sonido y el color científicamente para lograr «el alineamiento del Ego, la influencia de los grupos, el hacer contacto con la Jerarquía Oculta, la cooperación con los devas a fin de promover los fines constructivos de la evolución». Esto producirá a los grandes Magos Blancos.
23. Revelar la constitución interna del hombre y del Cosmos.
24. Hacer de la humanidad un centro de energía, un distribuidor de luz, amor y Voluntad Divina.
25. Despertar un mayor sentido de responsabilidad en el corazón del ser humano.

26. Pasar la Enseñanza Esotérica a la humanidad colectivamente.
27. Establecer un nuevo modo de interacción financiera, el cual sustituya a los métodos actuales.
28. Establecer un solo idioma en la tierra, sin olvidar las distintas lenguas nacionales de uso cotidiano en cualquier país.
29. Organizar grupos que trabajen para la humanidad una como agentes sensibles entre la Jerarquía y la humanidad.
30. Utilizar la energía atómica para construir una nueva civilización, un mundo nuevo y mejor, y para crear condiciones mejores y más espirituales.
31. Cultivar los poderes del Alma y la consciencia sobrehumana.
32. Revelar gradualmente el secreto de la electricidad y la relación del ser humano con la energía trina de la electricidad.
33. Inaugurar la nueva psicología basada en la Ciencia de los Rayos.
34. Utilizar científicamente la afluencia cíclica de energías entrantes de las Fuentes Cósmicas.
35. Cultivar la visión etérica y provocar algunos cambios en los vehículos etéricos que resolverán los problemas sexuales y el problema de la superpoblación.
36. Los secretos del amor, el sexo y el matrimonio se revelarán lentamente.
37. Revelar nuevos métodos de curación por electricidad, ajustando las fuerzas que corren a lo largo de la columna vertebral para curar la mayor parte de las enfermedades que ahora consideramos incurables.

38. Difundir el espíritu de inofensividad en los corazones de los hombres.
39. Revelar las fuentes de los centros de energía individuales, nacionales y globales.
40. Revelar la fuente de la meditación ocultista y el alineamiento con centros planetarios y Cósmicos. Nota: En relación a los reinos animal, vegetal, mineral y dévico, el Plan tiene también mucho que decir.

En uno de sus escritos el Sabio Tibetano dice:

«Los discípulos, al comprender el Plan y estar espiritualmente informados de los pasos a seguir para modificarlo en el plano mental de modo que su aceptación por parte de la humanidad sea inteligentemente progresiva y no se imponga dinámicamente con los consiguientes efectos desastrosos, son los agentes primarios. Aceptan la responsabilidad del compromiso necesario, ya que es su responsabilidad y no la de los Maestros. Los diversos aspectos del Plan, tal y como se les presentó en el Ashram –son entonces modificados y reorganizados para que el Plan se convierta en una serie de pasos secuenciales y no sea el impacto violento de una idea no realizada. Podría decirse que el compromiso espiritual del discípulo (que trabaja con el Plan) transforma la idea básica (a través de la modificación mental) en un ideal aceptable.

»Cuando el proceso de modificación se ha completado, la idea –en la forma de ideal– desciende al plano astral, el plano de las emociones. Allí se colora con la cualidad que el discípulo activo cree que será de mayor atracción para las masas humanas con las que puede estar trabajando y, principalmente, con los intelectuales que tienen aspiraciones.

»Después, el ideal ‹debidamente modificado y calificado›, es presentado al mundo de los hombres en el plano físico, donde es adaptado a los diferentes campos del pensamiento, a los distintos tipos de conciencia y a las naciones y grupos con los cuales trabaja el nuevo grupo de servidores del mundo.»[62]

Para llevar la parte develada del Plan a la atención de los aspirantes del mundo y luego a todos los pueblos del mundo, la Jerarquía está fundando pequeños grupos y escuelas esotéricas, a través de las cuales el iniciado-discípulo trabajará y fomentará la consciencia de evolución de la humanidad en conformidad con el Plan Divino. Ellos le darán a la humanidad la Enseñanza esotérica de la Nueva Era.

La palabra Enseñanza tiene un significado muy especial para los discípulos. Significa la totalidad de las revelaciones del Plan, ya que el Plan es la adaptación del Propósito a las condiciones planetarias y cósmicas existentes.

Como se mencionó en este capítulo, el Plan se revela en parte a través de los siete campos de la actividad humana, y estos son controlados por siete tipos de energías que llamamos Rayos. Cada Rayo controla uno de los siete empeños humanos, a saber, política, educación, filosofía, arte, ciencia, religión y finanzas. Se nos dice que cada uno de estos tienen dos aspectos: esotérico y exotérico. Por ejemplo, habrá una política de la Nueva Era que es una política más elevada o política espiritual, y también habrá políticas comunes. Habrá educación exotérica, y también educación eso-

62. Bailey, A.A., *Discipulado en la Nueva Era*, Vol. II, págs. 392-393.

térica en la Nueva Era. Esta última será entregada a los discípulos e iniciados. El Maestro Tibetano dice que:

> «Un punto que todos necesitan captar es que el discípulo que progresa no pasa a nuevas zonas o campos de percepción como si lo hiciera continuamente de un plano a otro (según lo indican los símbolos visuales de la literatura teosófica). Por lo tanto, se ha de captar que todo lo que ES se halla siempre presente. Lo que interesa es el constante despertar hacia aquello que eternamente ES y siempre está presente en el medio ambiente, pero del cual el individuo es inconsciente, debido a su miopía.»[63]

Se nos dice que «la Hermandad es la meta de la Edad Acuariana», y para cumplir esta meta, el Maestro Tibetano dice que en la Nueva Era los discípulos e iniciados deben estudiar la Ciencia suprema del Contacto con sus tres divisiones principales, a saber:

1. La Ciencia de la Impresión.
2. La Ciencia de la Invocación y la Evocación.
3. La Ciencia de la Telepatía.

> «Estos términos abarcan los distintos aspectos de la reacción de la forma o formas al contacto, a la impresión, al impacto, al medio ambiente, al contenido mental de distintas mentes, a las energías ascendentes y descendentes, a la invocación de los agentes y a la evocación de su respuesta. Todo el sistema planetario es, en realidad, una vasta complejidad de vehículos entrelazados, interdependientes e interrelacionados que se comunican o responden a la comunicación.»[64]

63. Bailey, A.A., *Telepatía y el Vehículo Etérico*, pág. 53.
64. Bailey, A.A., *Telepatía y el Vehículo Etérico*, pág. 33.

Parece que el aspecto más práctico del trabajo esotérico, que se relacionará con la meta de la Nueva Era, es la «suprema Ciencia del Contacto». Los tres modos de expresión de esta suprema Ciencia del Contacto son discutidos por el Tibetano.

«La Ciencia de la Impresión, que rige la técnica de Shamballa, funciona de tres maneras distintas, por intermedio de tres centros diferentes:

a. Shamballa... impresión dinámica.
b. La Jerarquía... telepatía magnética.
c. La Humanidad... sensibilidad radiatoria.

Sin embargo, las tres sólo son manifestaciones de la Voluntad de Dios, desarrolladas por las actividades de Sus tres centros principales.»[65]

A través de la Ciencia y la técnica de la Impresión, grandes inspiraciones y energías serán registradas, y la Voluntad de Dios será alcanzada. Así, nuevas culturas y civilizaciones se crearán en el mundo. Los discípulos de la Nueva Era aprenderán también a establecer ‹sensibilidad entre la Tríada espiritual [...] y la mente concreta›»[66].

La segunda expresión de la «suprema Ciencia del Contacto» es la Ciencia de la Invocación y la Evocación, que será enseñada en sus aspectos exotéricos y esotéricos. En la Nueva Era, esto será una parte de la enseñanza esotérica. Aprenderemos cómo invocar y cómo evocar, cómo alcanzar niveles más elevados o planos más elevados y evocar respuestas, y luego cómo ser sensibles a la invocación de abajo y a evocar la respuesta correcta para la necesidad de ese tiempo y ciclo.

---

65. Bailey, A.A., *Los Rayos y las Iniciaciones*, pág. 371.
66. Bailey, A.A., *Telepatía y Vehículo Etérico*, pág. 50.

La tercera expresión de la suprema Ciencia del Contacto es la Ciencia de la Telepatía. La Ciencia de la *Telepatía* está en su infancia. En la Nueva Era se darán enseñanzas más profundas a los discípulos para que aprendan a usar la telepatía mental, y luego la telepatía intuicional. Leemos en la Enseñanza del Tibetano que:

> «Existe un paralelo interesante entre los tres métodos de trabajo telepático, sus tres técnicas de realización y las tres formas principales de comunicación en la Tierra.
>
> Telepatía instintiva: viajes por tren, estaciones … telégrafo.
>
> Telepatía mental: viajes por mar, puertos en la periferia de todos los países … teléfono.
>
> Telepatía intuicional: viajes aéreos, aeropuertos … radio.»[67]

Además de la Ciencia suprema del Contacto, se darán enseñanzas esotéricas sobre las siete ramas de la actividad humana. Por ejemplo:

1. Aquellos cuyas Almas están en el Primer Rayo de la política se especializarán en el estudio de la voluntad.

El Maestro Tibetano dice que: «Se entra a cada era con una inundación de la energía de Primer Rayo». Esta inundación ha comenzado y continuará en la Nueva Era, y los futuros discípulos en este Rayo serán los verdaderos políticos y los que manejen la energía de la voluntad.

67. Bailey, A.A., *Telepatía y Vehículo Etérico*, pág. 19.

Este estudio los llevará a ponerse en contacto con el Plan, y luego con el Propósito detrás del Plan, y luego expresarán ese Propósito con el Plan en los planos físico, emocional y mental, con el fin de crear una nueva cultura, una nueva civilización y una nueva forma de vida planetaria.

Paralelamente a la Ciencia de la Voluntad, tendremos la Ciencia esotérica de la Purificación Aplicada. Esto nos mostrará cómo usar la energía de la voluntad para llevar a cabo una purificación planetaria de los obstáculos que impiden el flujo circulatorio de la energía de vida.

En el enfoque de Primer Rayo tendremos también la enseñanza sobre la Ciencia del Verdadero Arte de Gobernar, el Gobierno y la técnica de canalizar dinero. Todo esto producirá al verdadero ocultista. La Ciencia de la Purificación Aplicada será enseñada también en el Segundo y Séptimo Rayos.

2. En el Segundo Rayo, o campo de la educación, la enseñanza esotérica será:

a. La Ciencia de la Meditación,
b. La Ciencia del Antahkarana, y la Ciencia de la Evolución Social.
c. Para los discípulos avanzados, la Ciencia de los Centros, los Rayos y la Astrología Esotérica serán enseñadas, y el Maestro Tibetano dice que estas tres últimas ciencias constituyen los tres principales departamentos de la Ciencia de la Psicología[68].

68. Bailey, A.A., *Los Rayos y las Iniciaciones*, pág. 480.

d. También dice que «la Ciencia de la Meditación y la construcción consciente del Antahkarana serán las dos primeras etapas preliminares en el currículo esotérico»[69].
e. Estas ciencias también están conectadas con la Ciencia de la Iniciación. El resultado del estudio y la práctica de estas ciencias producirán al verdadero psíquico.

3. Sobre el Tercer Rayo, la enseñanza esotérica en el campo de la filosofía será:

a. La historia evolutiva del hombre desde el punto de vista mental.
b. La constitución septenaria del macrocosmos y del microcosmos.
c. Las leyes que gobiernan al ser humano.
d. El uso oculto del dinero.
e. La Ciencia de la Comunicación con la Tríada Espiritual y con la «nube de lluvia de cosas conocibles».

El estudio y la práctica de estas ciencias producirán al verdadero Mago Blanco.

4. La enseñanza esotérica del Cuarto Rayo sobre las artes será:

a. La Ciencia del Color y el Sonido, y cómo afectan al cuerpo etérico.
b. La Ciencia de la Armonía a través del Conflicto, que produce puntos de crisis, puntos de tensión y puntos de emergencia.
c. La Ciencia del Ritmo.

---

69. Bailey, A.A., *Un tratado sobre los Siete Rayos*, Vol. II, pág. 122.

El Maestro Tibetano afirma que: «El principio de conflicto está preparando el camino para el regreso de Cristo, quien inaugurará la nueva era de la armonía». Estos estudios y prácticas producirán el verdadero artista.

5. El Quinto Rayo de la Enseñanza esotérica en el campo de la ciencia será:

a. La Ciencia de la Vida y el Espacio.
b. La Ciencia de las Energías.
c. Las Leyes Ocultas del Cosmos y la Química Oculta.
d. La Ciencia del Alma.
e. La Ciencia de la Meditación, el uso correcto de la Mente.
f. Cómo ser un canal de la Divina Voluntad.
g. La Ciencia de la Electricidad, en la que los misterios de la electricidad serán desbloqueados.
h. La Ciencia de la Curación Esotérica.

El Maestro Tibetano dice que: «Los próximos doscientos años verán la abolición de la muerte» y «el hecho de que será probada la existencia del Alma». También dice que, en el futuro, se fundarán escuelas de medicina «de acuerdo con las nuevas líneas, cuya finalidad será estudiar el cuerpo etérico, su relación con el físico denso y sus funciones como receptor, acumulador y transmisor de los fluidos vitales del sistema»[70].

Todas estas ciencias producirán el verdadero científico.

70. Bailey, A.A., *Tratado sobre Fuego Cósmico*, págs. 453-454.

6. El Sexto Rayo de Enseñanza esotérica sobre la religión en la Nueva Era será:

a. La enseñanza de la Ciencia de las Aproximaciones.
b. La Ciencia de los Misterios de la Iniciación.
c. La Ciencia del Servicio.

El Maestro Tibetano dice que: «El festival de Pascua y la festividad de Pentecostés, serán los dos días más destacados del año religioso»[71].

Dice también que: «En la Era Acuariana el énfasis se pondrá en la vida y en la liberación de la tumba de la materia»[72].

«...La nueva Iglesia [...] tendrá como base el reconocimiento científico del mundo oculto y su debida apreciación y comprensión por medio de un ceremonial científico preciso. Esta ceremonia [...] será la utilización científica, custodiada y guiada de sonido y color para lograr ciertos fines deseados, tales como

El alineamiento del Ego,
La influencia de los grupos,
El hacer contacto con La Jerarquía Oculta,
La cooperación con los devas con el fin de promover los fines constructivos de la evolución...»[73]

Todos estos estudios producirán al verdadero devoto, y El Maestro Tibetano afirma que: «El verdadero ocultista es un científico y un devoto»[74].

71. Bailey, A.A., *El Destino de las Naciones*, pág. 151.
72. *Ibíd.*, pág. 151.
73. Bailey, A.A., *Tratado sobre Fuego Cósmico*, pág. 454.
74. *Ibíd.*, pág. 455.

7. En el Séptimo Rayo la Enseñanza esotérica en el campo de la magia ceremonial y las finanzas será:

a. La Ciencia de los Ciclos y el Ritmo.
b. La Ciencia de la Relación entre la materia y el espíritu, el Alma y la personalidad.
c. La Ciencia del Sexo en todas sus formas[75], la Ciencia de la Sublimación del centro sexual hacia el centro de la garganta.
d. La Ciencia del Nuevo Orden y la Organización Mundiales.
e. La Ciencia de la Simplicidad. La Ciencia de la Simplicidad puede ser reconocida por aquellos que tienen cierto grado de intuición.

Esto producirá al verdadero ritualista de la Nueva Era quien sabrá cómo relacionar el espíritu y la materia y cómo expresar el Propósito Divino en el plano físico.

La enseñanza Esotérica en la Nueva Era se dará principalmente de las siguientes maneras:

1. A través de la radio y la televisión.
2. A través de la telepatía.
3. A través de la impresión y la inspiración.
4. A través de técnicas de «sombreado»[76].

---

75. *Ibíd.*, pág. 571.
76. N. del T.: El autor se refiere al evento esotérico que implica que una consciencia de nivel superior (un Maestro, o Instructor superior, un Avatar, etc.) utiliza los vehículos de un discípulo o iniciado para manifestarse y/o transmitir su mensaje en el plano físico.

Los Instructores de las Enseñanzas esotéricas de la Nueva Era serán:

1. El Cristo, que enseñará especialmente la Ciencia de la Encarnación y el Karma, y Quién restaurará los antiguos Misterios. Él será ayudado por Buda, el Avatar de la Paz, y el Avatar de Síntesis.
2. Tendrá con Él a algunos de Sus discípulos y a muchos Devas.

Los devas le enseñarán al hombre a ver etéricamente al elevar la vibración humana. Ellos enseñarán la ciencia de cómo nutrir el cuerpo extrayendo alimento del éter que lo rodea. Ellos enseñarán a través de la técnica de la telepatía, a través de la Ciencia de la Síntesis, a través de la demostración del color y a través de los sonidos musicales definidos que causarán vibración en los éteres. También le mostrarán al hombre cómo estas vibraciones, a su vez, producen formas.

Todas estas ciencias se basan en la ciencia mayor que es llamada la Ciencia de la Redención.

El Maestro Tibetano, hablando de esta ciencia, dice:

> «La ciencia de la Redención es en realidad el arte aplicado del esoterismo y de la vida espiritual…»

Y también,

> «Este sentido de síntesis es una de las cosas que las nuevas escuelas esotéricas desarrollarán […] porque serán las personas forma-

das interiormente en estas escuelas las que serán las constructoras del Nuevo Mundo...»[77]

En conclusión, les recordaré que el yoga de la Nueva Era será el Yoga del Fuego, el Agni Yoga, que tratará de los secretos de la Tríada Espiritual y la técnica de hacer de la personalidad un canal puro para la expresión del fuego divino dentro de la Tríada Espiritual. El siguiente paso será entonces llegar a la esencia del ser humano, el fuego interior que es su Verdadero Ser.

El Maestro Morya dice:

> «Los antiguos comenzaban la Enseñanza colocando sus manos sobre el corazón. Después de lo cual el Instructor preguntaba: ‹¿Lo oyes?›. ‹Sí, lo oigo› respondía el discípulo. ‹Este es el latido de tu corazón, pero sólo es el primer golpe sobre las puertas del Gran Corazón. Si tú no escuchas el latido de tu corazón, entonces el latido del Gran Corazón te ensordecerá›.
>
> »Así, con palabras simples, se dio el Mandamiento; de este modo, se ha establecido el sendero hacia el Infinito a través del conocimiento de uno mismo.»[78]

Esta es una parte de la visión hacia la cual el hombre de Acuario debe esforzarse.

La vida más dichosa es la vida que un hombre vive en conformidad con el Plan, y en la puesta en práctica de la parte del Plan que está a su alcance. Un hombre así está en continua alegría, a pesar de todas las dificultades que pueda tener en su vida diaria. Su alma respira en las alturas, donde las grandes energías

77. Bailey, A.A., *Los Rayos y las Iniciaciones*, pág. 121.
78. Sociedad Agni Yoga, *Corazón*, afor. 460.

trabajan para la construcción del Cosmos y para la restauración del Plan en la tierra.

Así, el Propósito de nuestro Logos Planetario es creado a través de la meditación.

Se entiende este Propósito y se forma el Plan para el futuro a través de la meditación.

El Plan se desarrolla en servicio a través de la meditación.

Las Vidas Planetarias meditan en Sus cerebros físicos, que están construidos de sustancia intuicional. Un hombre puede tener contacto directo con el Plan si se comunica con el Plano Intuitivo a través de la meditación.

Índice

T

U

V

W

Y

CONTINUANDO CON EL LEGADO

Torkom Saraydarian dedicó su vida entera a servir a los demás en el crecimiento espiritual. Al momento de su muerte física en 1997, muchos libros habían sido ya publicados y más de 100 Manúscritos estaban a la espera de su publicación.

Torkom Saraydarian tenía la sabiduría y habilidad únicas para escribir todos estos libros magníficos y componer cientos de composiciones musicales en el lapso de una sola vida. La publicación y archivo de sus trabajos creativos tomará también una vida completa de esfuerzo cooperativo de nuestra parte. Necesitamos sus contribuciones y respaldo continuo, pues juntos podemos hacer que su sueño sea una realidad, y podemos hacer que su legado fructifique.

Un fondo especial, el *Fondo de Publicación de Libros de Torkom Saraydarian*, ha sido creado para la publicación de sus libros. Adicionalmente, un *Fondo de Donaciones* ha sido establecido para la perpetuación de todos sus trabajos creativos.

Contáctenos para más detalles y actualizaciones concernientes a los programas de publicación y archivo.

Usted puede contribuir con fondos para un libro entero, o dar cualquier cantidad que desee sobre una base continua, o como una contribución única.

Muchas gracias por su respaldo amoroso y continuo.

SOBRE EL EDITOR

T.S.G. Publishing Foundation, Inc. es una organización no gravable sin fines de lucro. Fundada el 30 de noviembre de 1987 en Los Angeles, California, se trasladó a Cave Creek, Arizona, el 1o. de enero de 1994.

Nuestro propósito es el de ser un sendero para la auto-transformación. Estamos completamente dedicados a la publicación, enseñanza, distribución y archivo de los trabajos creativos de Torkom Saraydarian.

Nuestra oficina y tienda en línea ofrecen una colección completa de los trabajos creativos de Torkom Saraydarian para la venta y distribución.

Nuestro boletín Outreach contiene artículos que fomentan el pensamiento y está disponible tanto en material impreso como en nuestra página web con notificaciones electrónicas gratuitas.

Free Wisdom es un servicio en línea para mantenerle actualizado sobre eventos, materiales interesantes y lecturas inspiradoras.

También conducimos clases, seminarios especiales de entrenamiento, Conferencias Anuales en los Estados Unidos e internacionalmente, y cursos de meditación para el estudio desde el hogar.

Contáctenos o visítenos en línea para detalles sobre nuestras actividades y eventos actuales y venideros.

Página web: www.TSGFoundation.org

LA UNIVERSIDAD TORKOM SARAYDARIAN

Torkom Saraydarian soñó con un centro de entrenamiento, usualmente llamándolo la Universidad, donde hombres y mujeres pudieran ser entrenados en la teoría y aplicación de los Principios y Valores Superiores de la Sabiduría Eterna. Llamó a tal educación superior «Educación Acuariana» y motivó continuamente a sus estudiantes a formar tal institución en el futuro.

Hay una creciente necesidad de liderazgo en el área del conocimiento esotérico. Más y más gente se está desilusionando de las enseñanzas que reciben de oportunistas, de gente que tiene buenas intenciones pero están llenos de espejismos y vanidades, o de gente que quiere usar la Enseñanza como un negocio para recolectar dinero.

Un gran daño se hace las personas que se aproximan a la Enseñanza con sinceridad en su corazón y son atrapados por grupos, instituciones u organizaciones que son sólo para actividades sociales o que funcionan como trampas de explotación. Algunos de estos buscadores gradualmente se olvidan de su búsqueda y se adaptan al entorno. Algunos de ellos suprimen totalmente su aspiración y esfuerzo espiritual debido a su desilusión. Sólo un pequeño porcentaje, a través de la discriminación, continúa su búsqueda para encontrar el campo adecuado donde puedan crecer y servir.

El número de verdaderos buscadores está incremen-tándose. Debemos prepararnos para satisfacer sus necesidades y al mismo tiempo, resguardarnos de los peligros de caer en las vanidades, los espejismos, o en la utilización de los buscadores para nuestros propios intereses.

Torkom Saraydarian, *Leadership* I, p. 16

Nuestros primeros cursos de entrenamiento fueron lanzados en setiembre 2000. Tenemos clases presenciales así como por correspondencia. Para información sobre las clases y el registro en línea, visite nuestra página web o escríbanos.

https://www.tsgfoundation.org/tsg-university-information.html

INFORMACIÓN PARA PEDIDOS

Los trabajos completos de Torkom Saraydarian:

- Libros.
- Folletos.
- Música.
- Conferencias en audio y vídeo.
- Cursos de Meditación y estudio.
- Boletines gratuitos por correo electrónico.
- Visita nuestra sección de libros electrónicos en nuestra página web para ver las últimas actualizaciones.
- Catálogos completos disponibles en línea.
  www.tsgfoundation.org

Por favor contáctenos para información adicional:
TSG Publishing Foundation, Inc.
P.O. Box 7068
Cave Creek, AZ 85327–7068
United States of America
Tel: (480) 502–1909
Fax: (480) 502–0713
E-mail: *info@tsgfoundation.org*
espanol@tsgfoundation.org
Website: *www.tsgfoundation.org*

Para información sobre pedidos en español de este título:
Editorial Dagón:
Web: *http://editorialdagon.es*
E-mail: *jrubio@editorialdagon.es*
Facebook: *Torkom Saraydarian en español*